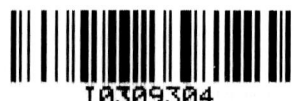

爱华思想和文化

罗伟京 著

成功出版

旧金山 · 2018

爱华思想和文化　罗伟京 著

ISBN 13：978-0-9971569-2-8

书名：爱华思想和文化
作者：罗伟京
开本：6”×9”
定价：US$ 15.99
出版：成功出版
美国・旧金山・2018

目 录

第一章　引言 1
第二章　爱华思想和文化在北京大学的诞生 6
第三章　爱华思想和文化在美国北加州华人文化体育协会的推广 12
第四章　马克思主义不适用于新时代中华民族的伟大复兴 18
第五章　中华民族需要未来的信仰和文化 36
第六章　儒学的优缺点和局限性 40
第七章　道教的优缺点以及局限性 60
第八章　佛教的优缺点以及局限性 66
第九章　基督教的优缺点以及局限性 94
第十章　人类的起源和未来 109
第十一章　宇宙的起源和未来 129
第十二章　万教归一 148
第十三章　人类的末日 153
第十四章　中国古代预言和世界的各大预言 156
第十五章　结语和世界适用性 157

附录 有关探望希望工程小学生的两篇报道
云南非常之旅 159
万里赴云南看望山里娃娃 162

第一章 引言

一、天降大任：天意不可违

当疲惫不堪的身躯正在长途汽车上休息，灵魂进入梦幻般的宇宙空间的时候，突然我被从天而降的语音惊醒："你要去创立一个未来的中华民族文化，击败美国的鹰文化！快睁开眼睛看！"

我睁开迷蒙的双眼，眼里看到的只是高速旁边连续的箭头标志，没有其它特别的东西。

那是在2005年11月底，在结束了云南探望希望工程小学生之旅后，由昆明乘飞机返回广州。在坐长途汽车去顺德的路上，中途车上打盹时朦胧接到天帝授意"弓乙灵符"。

到酒店安顿下来后，我想了一整个晚上，到了半夜三点左右，灵感终于来了，于是拿起铅笔就在纸上画了起来：公路边的箭头标志很普通，如何才能使其赋有灵性和文化呢？对了！加上智能天眼就完全不一样了。

是的，这就是天帝授意的“天剑”或“天箭”，弓箭合一、人剑合一、天剑合一、天人合一，其内在文化足已击败美国的“鹰文化”。“古时弓箭射大雕，未来天剑刺苍鹰”，意味着飞向未来的宇宙空间。

二、我的人生简历：天才玩家，舍我其谁

祖籍山东济南府，祖先后来因为战乱南移，父亲自农村去北京当兵，母亲探亲怀孕后回粤西英德县浛洸镇农村生产，起名罗伟京，意思是来自伟大的首都北京；在农村山区生活了十年，童年期间放牛、砍柴、耕田……

闲时和小伙伴们一起在小溪里抓鱼，爬树摘野果，屋檐下掏鸟窝。当年妈妈是民办语文教师，5岁就把我送进了小学读一年级，童年的日子也过得相当幸福快乐，因为没有爸爸在身边管着。

可惜不幸的事情在8岁时发生了，一次在屋檐下掏鸟窝，同伴梯子没有扶好，我从近6米高的屋檐边摔了下来，当时我下意识用右手肘关节着地，幸运的是命保着了，但右手肘关节却撞裂骨折了，结果导致四年级留级一年。

10岁后随父亲转业移居了韶关市，城市的孩子看不起我们农村出生的孩子，还好自己先天遗传了父母的聪明基因加上自己的后天努力，小学毕业以第一名考进了广东省重点中学：北江中学。

我的数学从小一直在班里是数一数二的，但是却有贪玩和偏科现象，初中总成绩一直在中下游水平。初三第一学期的某一天中午，有一次去山上摘山稔子，忘记了时间导致下午上课迟到，后来开会班主任告诉了我爸。倒霉的是当时总成绩下滑

到班里第42名，倒数的15名，全班当时有56人。我爸回家后把我的双手绑在碌架床上，用绳子重重地打了我一顿，自从那以后，我懂得要自爱和认真学习。初三下半学期各门功课的成绩都大幅度地提高，升高考试，我以班里第19名的成绩考回了广东省北江中学。

我骨子里一直有一股不服输的精神，高一从班里的第5名一直向上攀登，高三的时候达到了班里第一名、全级高考预考第一名。后来命运安排我选择了上海交通大学，上海是我小时候向往的大都市，可以说上海是我走向世界的出发点。

我于1999年离开了祖国去美国，就是为了一个人生梦想，到世界上最强大的国家美国取经，找到打败美国的思想和理论。

从2000年到2003年大约三年时间炒作美国股票，战绩相当辉煌，最多的时候达到70倍利润，我撤出股市时也有50倍左右利润，不过交税要交一半以上。我买了在美国的第一栋别墅，豪车，游艇，享受退休教育孩子天伦之乐般的潇洒生活，当年我才三十多岁。

当然我对股市和股票的分析是相当独到的，我在大学时代就开始阅读有关股市的书籍，总结出了投资投机股市的一套理论体系。

我从1991年开始接触股票，在A股中赚赚亏亏，为在美国的成功打好了基础。我炒股的笔名叫：趋势玩家（trendplayer），天才玩家，舍我其谁！

当时的博客在东方财富网叫“世界金融直击”，号称“世界第一博”，不敢成为股神，但是股神也要甘拜下风！

我当时每天同时评论美股和中国A股，无数的粉丝天天等待着我发分析预测博文，2008年的底部预测“1700点保卫战”就是我预言的！

后来就是因为自己分析预测股市时，透露了2008年A股底部天机，上天于是对我进行了惩罚，我就毅然停止了博客股评。

我反思了自己的股评生涯：无论每天评论多空如何准确，多方和空方肯定有一方会亏损，特别是在现今中国股市缺乏完整的分红制度下。

我现定居美国加州旧金山湾区，受过美国教育，也做过美国教师，教育过美国孩子，并把自己的第一辆小车捐给了美国一个儿童基金会；曾聘请过美国律师，依照美国法律，打赢了美国官司。

我于2005年万里迢迢回国，去云南山区探望捐助的希望工程小学生，也许正是去了云南，天才降大任于我。

2009年10月1日，我身不由己地参加了由中国驻旧金山领事馆举办的庆祝中华人民共和国成立60周年晚宴，注定自己将来要为中华民族做点实事。

2012年回国在中华民族的新文化发源地北京大学宣传“爱华”ARROWWA思想和“爱华”ARROWWA文化。中华民族的新思想、新文化从此诞生了。

从2014年开始至今在美国北加州华人文化体育协会推广“爱华”ARROWWA思想和“爱华”ARROWWA文化。在海外华人中传播中华民族的新思想、新文化，中华民族从此有了新的未来信仰和文化。

三、应天受命：真神国父托梦

真神国父毛泽东是于2011年3月托梦于我，嘱托“****”四个字，天机不可泄露。爱华思想和文化是毛泽东思想在新时代的灵活运用。

古语：天下兴亡，匹夫有责。

四、替天行道：传播爱华思想和文化

既然天帝和真神国父都把这开天辟地式的伟大使命托付于我，那么我所做的一切都是替天行道，一定会天佑我也，也必定会成功。

古语：谋事在人，成事在天。

五、天时已到：万教归一，天作之合

我是在2017年10月中国共产党召开十九大期间，才偶然看到中国古代和国外各大宗教预言的救世主将要诞生，于是挥笔撰写了提倡人类和谐相处、避免战争的惊天动地式的杰作。

今年毛泽东的诞辰日，我将把开天辟地式的“爱华”思想和文化公之于众，它将会和预言的“万教归一”理念配合得天衣无缝。

古语：顺天者昌，逆天者亡。

六、敬天爱民：顺天应命

有关探望希望工程小学生的两篇报道。（见附录）

第二章 爱华思想和文化在北京大学的诞生

爱华思想和文化于2012年横空出世！

2012年回国在中华民族的新文化发源地北京大学宣传"爱华"ARROWWA思想和"爱华"ARROWWA文化。中华民族的新思想、新文化从此诞生了。

为期四周的ARROWWA(爱华）---北大信息科学技术学院体育联赛，于2012年11月17日至2012年12月09日圆满结束。

在此次活动中，一共进行了兵乓球、台球、羽毛球和棋类四项比赛，增进了北大才子对"爱华"ARROWWA思想和文化的认知度，中华民族新思想和新文化从此诞生，它是一种"太空剑"式的亮剑文化。

ARROWWA由英语"ARROW"和汉语方言粤语"WA"组成，意思为"爱心之箭"加"华"，无论是汉语音译以及词语含义，ARROWWA即为"爱华"。

ARROWWA(爱华）标志：是一个画龙点睛的抽象箭头，在箭头(ARROW）中间装上了智能“天眼”，“古时弓箭射大雕，未来天剑刺苍鹰”，争夺海洋和太空，飞向未来，唯有科技才能强国。

ARROWWA(爱华）肩负着中华民族文化伟大复兴的历史重任，体现了中华民族的团结友爱和拼搏精神，民族合力，无坚不摧。

ARROWWA(爱华）文化还有更深的含义，中西合璧： ARROWWA = ARROW(箭） + WA(倭），时刻提醒中华民族勿忘国耻。也许是巧合，亦或是天意。

爱华思想和文化于2012年12月在北京大学横空出世，必将一统世界。

中华民族源自于宇宙，未来必将飞向宇宙。中华民族的民族信仰是“华教”，也就是信奉天帝，这是不容置疑的。中华民族的根(民族精神） 就是“爱华”，这也是不容置疑的。

唯有“爱华”，中华民族的伟大复兴才能尽早实现；唯有“爱华”，中华民族才能永远屹立在世界民族之巅。

热爱中华 >>> 是我们未来成功和强大的动力。

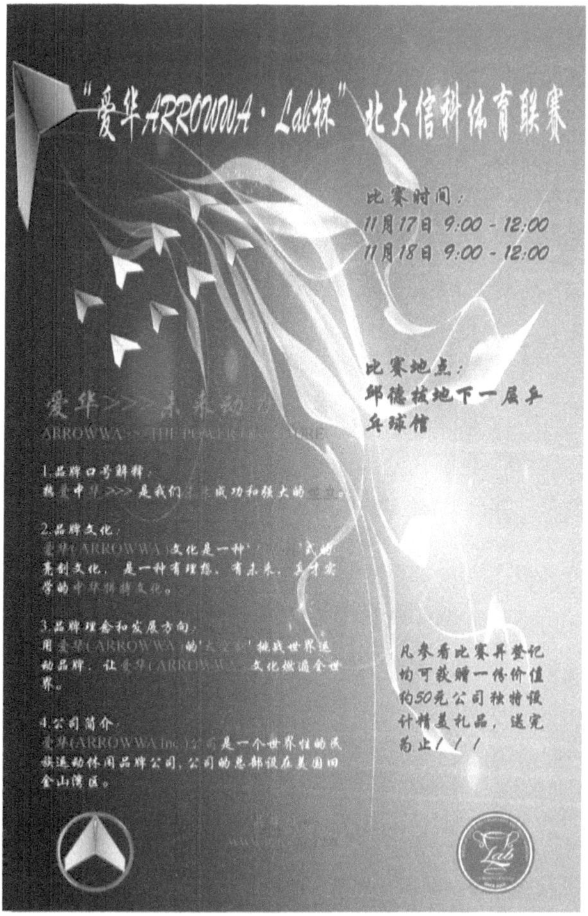

"爱华**ARROWWA** · Lab杯"北大信科体育联赛海报

参加“爱华**ARROWWA**·Lab杯”北大信科体育联赛的同学合影

比赛现场

比赛现场合影

第三章　爱华思想和文化在美国北加州华人文化体育协会的推广

我于2014年开始至今在美国北加州华人文化体育协会推广“爱华”ARROWWA思想和“爱华”ARROWWA文化。在海外华人中传播中华民族的新思想、新文化，中华民族从此有了新的未来信仰和文化。

北加州华人文化体育协会（简称华体会）是北美最大的非赢利性华人体育文化组织，亦是一个长期性的民间组织，没有地域性、政治性，以团结北加州华人社区及凝聚华人社团为主要宗旨。通过举办与体育文化相关的活动，促进北加州华人之间的接触与了解，活跃华人体育文化生活，发掘下一代体育文化人才。

北加州华人文化体育协会希望能以“团结、和平、友谊与进步”的精神，共同凝聚华人体育文化团体的力量并增进华人社区的团结。

2015年7月18日中午12点，我公司赞助的第13届北加州华人体育协会爱华ARROWWA杯篮球锦标赛在东湾州立大学Hayward正式开赛，我代表赞助商爱华ARROWWA有限公司致辞以及开球。

出席开幕式的嘉宾：

华体会执行长李竸芬女士、中国驻旧金山副总领事毕刚先生、Cupertino华人副市长张昭富先生等，并接受Cupertino华人副市长张昭富先生对我个人的颁奖。

美国北加州华人文化体育协会授予罗伟京先生的奖状

罗伟京先生在华体会现场的“弓乙灵符”图案前留影

华体会现场

穿着带有“爱华”标志运动服的参赛者在运动场上

第四章　马克思主义不适用于新时代中华民族的伟大复兴

过去在“中华论坛”发表的相关文章

第一篇文章（发表于2012年）

毛泽东去年曾重返地球

公之于众：

毛泽东是真神下凡，中华民族祖先派来的，真神国父嘱托---“****”。

事件经过：

也许很多人都做梦梦见过毛泽东，但是是否是托梦我就不知道了，此前我没有梦见过毛泽东。托梦和做梦是有很大区别的，做梦可以和他交流，时间很长；托梦的时候处于半清醒状态，时间很短，你是根本没有机会和他交流的，特别是真神托梦。真神托梦定义：梦中显现真神的形象并有所吩咐。

我从未见过毛泽东真人，也没有进去过毛泽东纪念堂，只依稀记得1976年开追悼会的那天，村里老人把在牛背上睡觉的我揪了下来带到大队广场，当时场面是哭声一片，好像天塌下来一样，自己也受众人的影响悲伤地哭了。

2011年我回国办事，3月11日日本地震海啸那天，我在北京，不知道毛泽东当时有没有到达地球和此事有关。后来我去了广东，某天凌晨天快亮的时候托梦给我，前后大概十秒左右，微笑着拍了我肩膀三下，说了四个字"****"，然后飘然而去，瞬间即逝。有没有UFO我就不清楚了，我睁开眼时已经不见了。（我相信宇宙中有很多生命存在。）

事件分析：

一）出现在广东，说明毛泽东去视察，从他的笑容可以看出他对"改革开放"是肯定的，对当时国泰民安是满意的。

二）他说汉语，而不是其他语言，说明毛泽东是我们的祖先派来的，来自宇宙，汉语是一种宇宙语言。（人类宇宙论）

三）毛泽东并未转世，托梦给我的时候还在上天，纵观中华民族五千年历史，最起码要2500年后才会出现像他那样伟大的真神下凡转世。

四）根据时空等跨距理论，2046年毛泽东将再次出现，以何种形态方式出现不清楚，我们现今的知识和科技无法知晓我们的祖先来自宇宙何处。

五）真神国父嘱托---"****"，关系到整个中华民族的生死存亡，天机不可泄露。

六）真神国父毛泽东仍然关心中国国运，因为中华人民共和国是在他领导下缔造的。

我们都有共同的民族信仰和民族精神，只要停止内斗，统一思想，一致对外，走中华民族科学发展道路，那么中华民族的伟大复兴很快就会到来。

我们共同的民族信仰是中华民族，这是不容置疑的。即使是现任台湾总统马英九，也要在清明节遥祭黄帝陵，承认自己是中华民族的子孙后代。祖国大地长江黄河孕育了中华民族，台湾的回归是迟早的事。

那中华民族的民族精神是什么呢？

首先我们要弄清楚几个概念：

一） 什么叫民族精神？

民族精神是反映在长期的历史进程和积淀中形成的民族意识、民族文化、民族习俗、民族性格、民族信仰、民族宗教，民族价值观念和价值追求等共同特质，是指民族传统文化中维系、协调、指导、推动民族生存和发展的精粹思想，是一个民族生命力、创造力和凝聚力的集中体现，是一个民族赖以生存、共同生活、共同发展的核心和灵魂。

例如：美国的民族精神：民主、自由、平等；以自己是美国人为荣为傲；鹰文化。美国是移民国家，没有共同的民族信仰。

二） 什么叫思想家？

思想家，研究思想、思维和思考模式并且形成思想体系的人。

三） 中国古代思想家

例如：老子、庄子，道家学派；孔子、孟子，儒家学派。

四） 中国近代思想家

例如：毛泽东思想： 毛泽东属于民族精神领袖，中国人民相信他是神，他也真的是神，是祖先派来拯救中华民族的。毛泽东思想精髓之一：走群众路线，全心全意地为人民服务，只有人民才是创造历史的主人。

毛泽东思想强调在尊重中华民族传统文化积极方面的基础上创新，具有前瞻性；要求人们从古典的文化中吸取民主和积极的成分，而不是全盘西化。强调的是人民的天下，而不是儒家推崇的皇帝一人天下。

中国近代为什么再也产生不了伟大的思想家?

因为孔子的儒家封建文化对后人的影响太深，以致无法摆脱这种思想的束缚，两千多年来，人类在发展，社会也在发展，后人思想天性的懒惰造成了对孔子思想的依赖，不愿再去有所突破，中华民族也就失去了创造性和前进的动力。

当今是法治社会，不再需要封建思想的约束，儒学已经陈腐和过时了。中华民族应当彻底打烂这把封建枷锁，用健全的法律来约束人性的弱点。

中华民族是一个勤劳勇敢的民族，共同的民族信仰(中华民族）、有共同的根(民族精神）。曾经有过辉煌的历史，但是也先后被蒙古人和满洲人两次亡国，都是因为技术的落后，军队无法抵挡蒙古人和满洲人的骑兵进攻。明太祖朱元璋依靠民族精神，集全民族之合力，“驱除胡虏，恢复中华”，打败了元军，把蒙古人赶出了华夏，是中华民族的千古伟人。这就是中华民族需要的亮剑精神。(我和明太祖生日相同，怀疑明太祖也是真神下凡。）

马克思主义当然不是我们的民族信仰，如果说是的人那就认错了祖先。炎黄子孙的民族信仰是中华民族！ 同时我们要坚持真神国父毛泽东的思想和党的领导，坚决摒弃过时的西方马克思主义，坚定不移地走中华民族科学发展道路。大家要把民族信仰和个人信仰区分清楚。

任何思想和文化都有它产生和形成的时代背景，在当前环境下：国民思想道德领域出现了“信仰危机”和“山寨横行”的现象，一些封建腐朽落后的思想文化沉渣泛起，拜金主义、享乐主义、极端个人主义抬头，世界观、人生观、价值观发生了扭曲。

“爱华”(ARROWWA）思想和文化也就应运而生，属于毛泽东思想一个新分支，是毛泽东思想在新时代的灵活运用，提倡争霸性、扩张性和未来性，我是毛泽东思想和理论的忠实追随者和捍卫者。

“爱华”(ARROWWA）思想：

热爱中华，一切言行为了国家、为了中华民族，为自己是中国人而自豪！

“爱华”(ARROWWA）文化：

也就是中华“未来动力”文化，是一种’太空剑’式的亮剑文化，是一种有理想、有未来、真才实学的中华拼搏文化。而不是那种放任不羁、得过且过、夸夸其谈的自由主义文化。

既然真神国父毛泽东托梦给我，但我又不懂政治，仅仅是提个建议：

全党全国各族人民要紧密团结在以胡锦涛为总书记的党中央周围，坚持国父毛泽东思想，坚持共产党领导，同心同德，坚定不移地走共同富裕的中华民族科学发展道路。

天意不可违

一）我给箭头(ARROW）装上了“天眼”，“古时弓箭射大雕，未来天剑刺苍鹰”，争夺海洋和太空，飞向未来，前提是科技兴国。2046年毛泽东将再次出现，中华民族到那时将超越美国、称霸全球，此乃天意也。

二）“爱华”(ARROWWA）文化还有更深的含义，中西合璧：ARROWWA = ARROW(箭） + WA(倭），勿忘国耻。也许是巧合，亦或是天意。

三）在2009年10月1日新中国成立60周年纪念日，身不由已地参加了庆典，冥冥中已经注定要为祖国、为民族做点实事。

四）真神国父毛泽东托梦给一个普通人，概率只有十四亿分之一，只有天才知道为什么托梦给我。

五）毛泽东时代当时的民族信仰和个人信仰同为一体，没有区分开来，以致于民族精神领袖毛泽东离开我们后，中华民族从此迷失了方向，因此我提议“根除异念，回归爱华”。

六）我能人之所不能，对股市走势预测相当准确，不敢称为股神，但是股神也要甘拜下风！　趋势玩家：天才玩家，舍我其谁！

七）我的学识和修养，即使中国古代思想家老子、庄子、孔子、孟子活在当世，也会自叹不如！　因为最关键的是我找到了中华民族的根(民族精神）---“爱华”(ARROWWA）。

八）江山代有才人出，各领风骚数百年。民族兴亡，匹夫有责！ 热爱中华， 是我们未来成功和强大的动力。

九）我们都是炎黄子孙，有共同的民族信仰(华教）、共同的民族精神，民族合力，无坚不摧。

十）炎黄子孙的民族精神： 中华亮剑， 舍我其谁！ 大家在法治社会下，充分发挥自己的聪明才智，“海阔凭鱼跃，天高任鸟飞”。

“八仙过海，各显神通”。

免责声明：

一）我的童年虽穷苦但快乐，长大后离开祖国是为了一个梦想，就是到世界上最强大的国家美国取经，找到打败美国的思想和理论。我热爱祖国、热爱中华民族，因为它是我的根。我一身正气，绝无戏言。

二）我是一个普通而又不平凡的人，无党派人士，不问政治，无宗教信仰，只有民族信仰，希望能够成为一位中华民族思想家，教导我们的子孙后代。至于毛泽东为什么托梦给我，寻找了35年才找到我，只有天知道，也许就是天意吧。

三）之所以今天发表此博文，是因为中华民族的伟大复兴到了最关键的时刻，需要统一思想认识，“根除异念，回归爱华”，迎接毛泽东思想的回归以及中华民族信仰和民族精神的回归，我们一定要把毛泽东思想发扬光大，希望中华民族的炎黄子孙都支持一下！

谢谢大家！

第二篇文章（发表于2013年）

中华梦，宇宙梦！

（中华民族信仰和民族精神的回归）

作者简介：

罗伟京

“爱华”(ARROWWA）思想创始人，“爱华”（ARROWWA）文化创始人。毛泽东托梦之人，嘱托****。

“爱华”(ARROWWA）思想是毛泽东思想一个新分支，是毛泽东思想在新时代的灵活运用，提倡争霸性、扩张性和未来性。

股票证券分析师(笔名“趋势玩家”，博客：世界金融直击），船舶设计师，舶舶检验师，美国建筑师，石油化工检验师，美国教师以及企业家。

于2005年万里迢迢回国，去云南山区探望捐助的希望工程小学生。于2012年回国在中华民族的新文化发源地北京大学孵化“爱华”思想和“爱华”文化。

“爱华”(ARROWWA）思想：

热爱中华，一切言行为了国家、为了中华民族，为自己是中国人而自豪！

“爱华”(ARROWWA）思想是毛泽东思想一个新分支，是毛泽东思想在新时代的灵活运用，提倡争霸性、扩张性和未来性。

ARROWWA(爱华文化：）：

“爱华”（ARROWWA）文化 --- ‘THE POWER OF FUTURE’文化。是一种’太空剑’式的亮剑文化，是一种有理想、有未来、真才实学的中华拼搏文化。

中华文化博大精深，“中”字的书法形如一把利剑，中华民族新文化就是亮剑文化。

“中”字书法附图

纵观中华民族5000年文化历史，充满了无数的神话故事和传奇，无不一一说明了我们的祖先来自宇宙。毛泽东是真神下凡转世，是我们的祖先派来的拯救中华民族的。

毛泽东的伟大不单单是中华人民共和国的缔造者，而且是中华民族的思想家和精神领袖，毛泽东思想精髓之一：　走群众路线，全心全意地为人民服务，只有人民才是创造历史的主人。

毛泽东思想强调在尊重中华民族传统文化积极方面的基础上创新，具有前瞻性；要求人们从古典的文化中吸取民主和积极的成分，古为今用，洋为中用，而不是全盘西化。强调的是人民的天下，而不是儒家推崇的皇帝一人天下。

毛泽东思想不单单是毛泽东的思想，而且是中国共产党集体智慧的结晶，中国共产党代表了全国56个民族的人民，是属于人民的执政党，只要是真正的中国共产党执政，人民就会坚决支持和拥护它。

任何思想和文化都有它产生和形成的时代背景，在当前复杂的国内外形势下：国民思想道德领域出现了“信仰危机”和“山寨横行”的现象，一些封建腐朽落后的思想文化沉渣泛起，拜金主义、享乐主义、极端个人主义抬头，加上美国重返亚洲的打压以及日本军国主义的抬头，国民的世界观、人生观、价值观发生了扭曲。“爱华”(ARROWWA）思想和文化也就应运而生，属于毛泽东思想一个新分支，是毛泽东思想在新时代的灵活运用，提倡争霸性、扩张性和未来性，我是毛泽东思想和理论的忠实追随者和捍卫者。

我不懂政治，仅依照真神国父毛泽东嘱托，提个建议：

在当前大好形势下，首要任务是统一思想，彻底铲除贪污和腐败，把国家发展引到正轨上。

马克思主义当然不是我们的民族信仰，如果说是的人那就认错了祖先。炎黄子孙的民族信仰是中华民族！　同时我们要坚持真神国父毛泽东的思想和党的领导，坚决摒弃过时的西方马克思主义，坚定不移地走共同富裕的中华民族科学发展道路。大家要把民族信仰和个人信仰区分清楚。

我们都有共同的民族信仰和民族精神，只要停止内斗，统一思想，一致对外，走共同富裕的中华民族科学发展道路，那么中华民族的伟大复兴很快就会到来。

我们共同的民族信仰是中华民族，这是不容置疑的。即使是前任台湾总统马英九，也要在清明节遥祭黄帝陵，承认自己是中华民族的子孙后代。祖国大地长江黄河孕育了中华民族，台湾的回归是迟早的事。

当前美国重返亚太对于中华民族是信仰回归的大好时机，美国代表的的西方民主制度和文化根本不适宜其他民族，因为它没有自己的民族信仰和民族精神，美国只是中国的对手，日本才是中国的敌人，有美国管制日本是中华民族真正崛起的大好时机，所谓的“C”型包围圈其实是形同虚设，不用拿下钓鱼岛，中国仍然可以自由出入太平洋。

对待强大的美国对手中国要运用兵法的“声东击西”的战术来打败它，例如建立太空基地和海洋基地，不走寻常路，不战而屈人之兵，让美国的陆地军事基地和航空母舰成为靶子。公海和太空是美国无法封锁中国的地方，建议中国建立四次核打击太空基地，三艘太空战舰，三大海洋基地，在同一起跑线上把美国拖入新的领域，击败对手。

对待日本这个敌人，中国要用其人之道还治其人之身，君子报仇，30年不晚，中国要争取在美国管制日本的时间内大力发展太空科技和海洋科技，全面把日本夹击在美国和中国之间，时机成熟彻底打败它。对于周边乱华国家，在合适的时候敲山震虎，令它们臣服。

今年是中华民族不平凡的一年，是毛泽东诞辰120周年，毛泽东思想必将回归和发扬光大，中华民族信仰和民族精神必将回归。

让我们共同努力33年，到2046年真正可以完成毛泽东的心愿，把毛泽东思想发扬光大，中华民族的伟大复兴一定会到来。

第三篇文章（发表于2013年）

以马列主义为部分基础的毛泽东思想
远远超越了马列主义

（中华民族不可能靠马克思主义统一思想，只能取其精华，唯有发扬光大毛泽东思想才能救中华民族！）

导言：

任何思想和理论都有历史性和局限性，马克思主义的《资本论》是研究早期落后的资本主义生产方式，主要理论是剩余价值论，但是忽略了科学技术才是真正推动社会发展的动力。因此，马克思主义在当今帝国主义经济社会中，已经验证是有基因缺陷的。

用辩证唯物主义永远也不可能解释人类的灵魂，原子怎么能构成有思想的生命也是无法解释的。

马克思不是我们中华民族的祖先，所以马克思主义也不可能是中华民族的民族信仰。

中华民族只有在毛泽东思想的指引下才能真正走向繁荣富强！

正文：

我们共同的民族信仰是中华民族，这是不容置疑的。即使是现任台湾总统马英九，也要在清明节遥祭黄帝陵，承认自己是中华民族的子孙后代。祖国大地长江黄河孕育了中华民族，台湾的回归是迟早的事。

那中华民族的民族精神是什么呢？

什么叫民族精神?

民族精神是反映在长期的历史进程和积淀中形成的民族意识、民族文化、民族习俗、民族性格、民族信仰、民族宗教，民族价值观念和价值追求等共同特质，是指民族传统文化中维系、协调、指导、推动民族生存和发展的精粹思想，是一个民族生命力、创造力和凝聚力的集中体现，是一个民族赖以生存、共同生活、共同发展的核 心和灵魂。

例如：美国的民族精神：民主、自由、平等；以自己是美国人为荣为傲；鹰文化。美国是移民国家，没有共同的民族信仰。

中华民族的民族信仰和民族精神：

民族信仰：华教，敬拜天帝；民族祖先：炎帝，黄帝。

民族祖先当然不是古代孔子或者近代毛泽东!

民族精神：爱华思想和文化—— 热爱中华，是我们未来成功和强大的动力。

民族精神当然不是古代儒家思想或者近代毛泽东思想!

毛泽东在世的时候，曾经是中华民族的信仰和精神领袖，当时中国人民把民族信仰和个人信仰合为一体，结果当毛泽东离开我们后，中华民族彻底失去了信仰和迷失了方向。

当然毛泽东思想是伟大的，但是也有历史局限性，所以才需要后人来发扬光大。

两千多年来，孔子儒家文化的“学而优则仕”，一味追求当官和做公务员，把中华民族拖入了只追求享受，不追求科学技术的万劫不复之地。落后就要挨打，两次被亡国，一次被侵略，血的教训太深刻。

那么什么才是我们中华民族的未来动力呢？热爱中华， 是我们未来成功和强大的动力。对于所有中华民族的炎黄子孙来说，只要我们团结起来，发扬“我爱人人，人人爱我”集体主义精神，把热爱中华做为自己的动力，那么中华民族将永远屹立在世界民族之巅。

美国为什么能称霸世界，因为它的思想和文化是一种未来的思想和文化，追求的是科学技术。如果中华民族的思想和文化仍然崇尚和迷念以前那种陈腐和封建的“儒学”思想和文化，那么我们中华民族将永远被美国人抛在后面，永无赶超之日。

中国近代为什么再也产生不了毛泽东之外的伟大思想家?

因为孔子的儒家封建文化对后人的影响太深，以致无法摆脱这种思想的束缚，两千多年来，人类在发展，社会也在发展，后人思想天性的懒惰造成了对孔子思想的依赖，不愿再去有所突破，中华民族也就失去了创造性和前进的动力。

当今是法治社会，不再需要封建思想的约束，儒学已经陈腐和过时了。中华民族应当彻底打烂这把封建枷锁，用健全的法律来约束人性的弱点。

毛泽东的伟大不单单是中华人民共和国的缔造者，而且是中华民族的思想家和精神领袖，毛泽东思想精髓之一：　走群众路线，全心全意地为人民服务，只有人民才是创造历史的主人。

毛泽东思想强调在尊重中华民族传统文化积极方面的基础上创新，具有前瞻性；要求人们从古典的文化中吸取民主和积极的成分，古为今用，洋为中用，而不是全盘西化。强调的是人民的天下，而不是儒家推崇的皇帝一人天下。

毛泽东思想不单单是毛泽东的思想，而且是中国共产党集体智慧的结晶，中国共产党代表了全国56个民族的人民，是属于人民的执政党，只要是真正的中国共产党执政，人民就会坚决支持和拥护它，当然我们的首要任务是要把假共产党彻底清除出党。

任何思想和文化都有它产生和形成的时代背景，在当前环境下：国民思想道德领域出现了“信仰危机”和“山寨横行”的现象，一些封建腐朽落后的思想文化沉渣泛起，拜金主义、享乐主义、极端个人主义抬头，世界观、人生观、价值观发生了扭曲。

“爱华”(ARROWWA) 思想和文化也就应运而生，属于毛泽东思想一个新分支，是毛泽东思想在新时代的灵活运用，提倡争霸性、扩张性和未来性，罗伟京先生是毛泽东思想和理论的忠实追随者和捍卫者。

“爱华”(ARROWWA) 思想：

热爱中华，一切言行为了国家、为了中华民族，为自己是中国人而自豪！

“爱华”(ARROWWA) 思想是毛泽东思想一个新分支，是毛泽东思想在新时代的灵活运用，提倡争霸性、扩张性和未来性。

ARROWWA(爱华) 文化：

ARROWWA(爱华) 文化就是中华’未来动力’文化 --- ‘THE POWER OF FUTURE’文化。是一种’太空剑’式的亮剑文化，是一种有理想、有未来、真才实学的中华拼搏文化。

中华文化博大精深，“中”字的书法形如一把利剑，中华民族新文化就是亮剑文化。

ARROWWA(爱华) 思想和毛泽东思想是共通的，都是提倡“为人民服务”，未来的爱华思想更加体现官民的团结，所有中华民族的炎黄子孙应该团结起来，发扬‘我爱人人 人人爱我’集体主义精神，民族合力，无坚不摧。爱华思想是毛泽东思想在新时代的灵活运用，同时为了中华民族的未来生存和发展提倡争霸性、扩张性和未来性。

在未来的争霸和扩张世界中，罗伟京先生提议：

坚持毛泽东思想和共产党的领导，热爱中华，坚定不移地走共同富裕的中华民族科学发展道路。

第四篇文章（发表于2013年）

中华民族再也经不起改朝换代：“驱除马列，恢复中华”

中国共产党是陈独秀和李大钊等人于1921年创立的，当时引进的马克思主义的“共同富裕”思想在中国历史上2500年前就有思想家提出来了，根本不是马克思的发明和专利。春秋后期一位重要思想家晏子最早明确提出“均贫富”；春秋时期的管仲也有较强的“均贫富”思想；战国时代的商鞅更是在法律实践中推行“均贫富”的政策。

毛泽东思想是于1943年才提出来的，是当时马克思列宁主义与中国革命运动实际经验相结合的结果，毛泽东思想在解放后的毛泽东时代也一直在发展中，并非是一成不变的。

历史已经证明：马克思列宁主义存在残酷的阶级斗争和暴力革命倾向！和中国历史的改朝换代“等贵贱，均贫富”思想极其相近。所以应该彻底抛弃，这样将来社会才不会以暴易暴。

任何思想和理论都有历史性和局限性，马克思主义的《资本论》是研究早期落后的资本主义生产方式，主要理论是剩余价值论，但是忽略了科学技术才是真正推动社会发展的动力。

因此，马克思主义在当今帝国主义经济社会中，已经验证是有基因缺陷的。

用辩证唯物主义永远也不可能解释人类的灵魂，原子怎么能构成有思想的生命也是无法解释的。

马克思不是我们中华民族的祖先，所以马克思主义也不可能是中华民族的民族信仰。

中华民族只有找回自己的民族信仰和精神，拥有创新无敌的爱华思想和文化，未来才能永远屹立在世界民族之巅。

马克思主义的阶级斗争和暴力革命理论在那些极端贫困和相对落后的国家里可以产生并且最终可以获得成功，中国就是很好的一个例子。但是值得注意的是，在西方资本主义国家里，马克思主义的阶级斗争和暴力革命理论没有一个成功的案列，因为西方资本主义社会是法律健全的法治社会，社会的不公可以通过立法来纠正。

中国通过建国六十多年的建设，已经摆脱了贫穷落后，已经是世界第二大经济体，现阶段要达到的目标是变成一个法治社会，通过立法，例如建立完善的财税制度等等，来达到共同富裕的远大理想目标，当然绝对的平均主义是不存在的。

当前全国人民要团结在习总书记的周围，回归以毛泽东思想为指导思想，发扬“人人爱我，我爱人人”的集体主义爱国精神（罗伟京先生创立的爱华思想和文化），不久的将来中华民族将实现伟大的民族复兴！

我们要坚决摒弃马列主义的暴力思想（中国共产党要研究一下创始人陈独秀的一生），发扬光大本土的毛泽东思想，回归中华民族的民族信仰和民族精神，让以阶级斗争为纲的时代永远留在历史的记忆中，一去不复返。

附：

罗伟京先生简介：

“爱华”(ARROWWA) 思想创始人，中华“未来动力”亮剑文化创始人。（2012年底 --- 爱华 (ARROWWA) 思想和文化已经在北京大学诞生！）股票证券分析师(笔名“趋势玩家”，博客：世界金融直击），船舶设计师，舶舶检验师，美国建筑师，石油化工检验师，美国教师以及企业家。

祖籍山东济南府，祖先后因战乱南移，父亲自农村去北京当兵，母亲探亲怀孕后回粤西英德浛洸镇农村生产，起名罗伟京，意思是来自伟大的首都北京；在农村山区生活了十年，童年期间放牛、砍柴、耕田......10岁后随父亲转业移居了韶关市，毕业于上海交通大学，现定居美国加州旧金山湾区。

受过美国教育，也做过美国教师，教育过美国孩子，并把自己的第一辆小车捐给了美国一个儿童基金会；曾聘请过美国律师，依照美国法律，打赢了美国官司；2013年1月在十二类LOGO的商标异议裁定中，作者创立的ARROWWA(爱华）公司赢了奔驰(BENZ) 的母公司戴姆勒股份公司。于2005年万里迢迢回国，去云南山区探望捐助的希望工程小学生。

第五章　中华民族需要未来的信仰和文化

2017年10月18日，中国共产党第十九次全国代表大会在北京隆重召开，中国进入了一个新时代，习近平总书记提出了一个新的思想：新时代中国特色社会主义思想。

它是对马克思列宁主义、毛泽东思想、邓小平理论、“三个代表”重要思想、科学发展观的继承和发展，是马克思主义中国化最新成果，是党和人民实践经验和集体智慧的结晶，是中国特色社会主义理论体系的重要组成部分，是全党全国人民为实现中华民族伟大复兴而奋斗的行动指南，必须长期坚持并不断发展。

几千年来，中华民族文化一直处于世界领先的位置，可是到了近代，中华文化遭遇到数千年未有之变局，文化出现了两次断代，元朝和清朝两次亡国，彻底改写了中华民族在世界上的位置，以及国人对中华文化的心态。

文化是一个民族之根，中华民族文化的当代复兴，不仅在于它在全球文化政治版图中要重新确立自己的独特个性并恢复自信，也不仅在于它将继续维系中华民族的内在统一，而且在于它在参与世界文化价值体系的建构中，以自己的核心价值观及其所代表的国家软实力为"和谐世界"建设作出贡献。

大国的崛起从最终意义上看是文化的崛起。中国作为大国的崛起，不仅应体现为经济上的强大，更应体现为具有五千年历史的文明大国在理念上的建构，中国应成为全球化时代国家理念和文明形式的创新者，它的国家理念和文明形式要为其他国家所尊崇。

古代的儒家、道家、法家文化早已不适用于新时代中华民族的发展，无数次的改朝换代以及两次亡国，促成了1919年"五四运动"寻找中华民族的新文化，但是后来我们却引进了空想虚构的洋文化，如今已改动得面目全非。

任何思想和文化都有它产生和形成的时代背景，在当前环境下：

国民思想道德领域出现了"信仰危机"和"山寨横行"的现象，一些封建腐朽落后的思想文化沉渣泛起，拜金主义、享乐主义、极端个人主义抬头，世界观、人生观、价值观发生了扭曲。

"爱华"(ARROWWA）思想和文化也就应运而生，属于毛泽东思想一个新分支，是毛泽东思想在新时代的灵活运用，提倡争霸性、扩张性和未来性，我是毛泽东思想和理论的忠实追随者和捍卫者。

"爱华"(ARROWWA）思想：

热爱中华，一切言行为了国家、为了中华民族，为自己是中国人而自豪！

"爱华"(ARROWWA）宇宙文化：

也就是中华“未来动力”文化，是一种‘太空剑’式的宇宙亮剑文化，是一种有理想、有未来、真才实学的中华拼搏文化。

而不是那种放任不羁、得过且过、夸夸其谈的自由主义文化。

既然真神国父毛泽东托梦给我，但我又不懂政治，仅仅是提个建议：

全党全国各族人民要紧密团结在以习近平为总书记的党中央周围，坚持国父毛泽东思想，坚持共产党领导，同心同德，坚定不移地走共同富裕的中华民族科学发展道路。

我相信真神国父毛泽东是天帝下凡，于2011年惩罚了日本以及令地球避免了玛雅人预测的2012年世界末日。

真神国父毛泽东就是天帝下凡，他就是我们崇拜的至高无上的天上神仙！他的思想就是“爱华”思想，他推崇的文化就是“爱华宇宙文化”。

当今中华民族是应该到了产生未来宇宙大信仰、宇宙大文化的时刻！5000多年来，中华民族只信宇宙天地，只有宙王、天帝、神、仙与我们同在。

宗教是人类社会发展到一定历史阶段出现的一种文化现象，属于社会意识形态。主要特点为，相信现实世界之外存在着超自然的神秘力量或实体，该神秘统摄万物而拥有绝对权威、主宰自然进化、决定人世命运，从而使人对该一神秘产生敬畏及崇拜，并从而引申出信仰认知及仪式活动。

宗教是对神明的信仰与崇敬，或者一般而言，宗教就是一套信仰，是对宇宙存在的解释，通常包括信仰与仪式的遵从。宗教常常有一部道德准则，以调整人类自身行为。

人的神观及对神的敬畏心态，是整个宗教的内在因素及核心所在，故“对神的信仰”乃是一切宗教的根本。宗教信仰的对象被人理解为一种超自然而又控制自然的神秘力量或神圣实在，它被视为神力、精灵、众神、至高一神，或抽象地以绝对者、永恒者、至高无上者、自有永有者、无限存在者、超越时空者称之。这种信仰被视为万物的起源和归宿，一切存在的根基及依据。然而各宗教对神的理解不尽相同，有可能是“众多而有序”、“单一而排他”，有可能以“超在”或“内在”存在，由此构成多神教、主神教、单一主神教、二元神教等。

这是一些资料中对宗教的描述，至于宗教的产生，现在也没有一个得到广泛认同的结论。我的观点是：人类因为对自然灾害的无力抵抗，产生了对自然的畏惧，进而产生自然崇拜。渐渐的将自然人格化，产生了鬼神崇拜。当拥有比较清晰的神系，逻辑完善的世界观，严谨的宗教理论，宗教道德，礼仪规范，教职制度及社会组织时，就可以称为宗教信仰了。

“爱华”ARROWWA思想和“爱华”ARROWWA宇宙文化追求宇宙和谐、自然界和谐、人与自然界和谐，追求创建和谐宇宙、和谐大自然、和谐国际、和谐社会。

北京大学是中华民族新文化的发源地，我曾于2012年在北京大学孵化和推广“爱华”ARROWWA思想和“爱华”ARROWWA宇宙文化。

自2014年起，“爱华”ARROWWA思想和“爱华”ARROWWA文化已经开始在海外华人中传播，在美国北加州华人文化体育协会上推广这一世界终极文化。

第六章 儒学的优缺点和局限性

（从古至今有很多关于儒学的优缺点以及局限性分析，摘选一些略作修改。）

儒学，是先秦诸子百家学说之一，由春秋末期思想家孔子创立，最初指的是司仪，后来以此为基础逐渐形成完整的儒家思想体系，成为中国传统文化的主流，影响深远。它是中国影响最大的流派，也是中国古代的主流意识。

儒家学派之前，古代社会贵族和士通过“师”与“儒”接受传统的六德（智、信、圣、仁、义、忠），六行（孝、友、睦、姻、任，恤）、六艺（礼、乐、射、御、书、数）的社会化教育。

孔子创立的儒学在总结、概括和继承了夏、商、周三代尊亲传统文化的基础上形成的一个完整的思想体系。

儒家基本上坚持“亲亲”、“尊尊”的立法原则，维护“礼治”，提倡“德治”，重视“仁治”。儒家思想对封建社会的影响很大，被封建统治者长期奉为正统思想。

“礼治”主义

儒家的“礼治”主义的根本含义为“异”，即贵贱、尊卑、长幼各有其特殊的行为规范。只有贵贱、尊卑、长幼、亲疏各有其礼，才能达到儒家心目中君君、臣臣、父父、子子、兄兄、弟弟、夫夫、妇妇的理想社会。国家的治乱，取决于等级秩序的稳定与否。儒家的“礼”也是一种法的形式。它是以维护宗法等级制为核心，如违反了“礼”的规范，就要受到“刑”的惩罚。

“德治”主义

儒家的“德治”主义就是主张以道德去感化教育人。儒家认为，无论人性善恶，都可以用道德去感化教育人。这种教化方式，是一种心理上的改造，使人心良善，知道耻辱而无奸邪之心。这是最彻底、根本和积极的办法，绝非法律制裁所能办到。

“人治”主义

儒家的“人治”主义，就是重视人的特殊化，重视人可能的道德发展，重视人的同情心，把人当作可以变化并可以有很复杂的选择主动性和有伦理天性的“人”来管理统治的思想。从这一角度看，“德治”主义和“人治”主义有很大的联系。“德治”强调教化的程序，而“人治”则偏重德化者本身，是一种贤人政治。由于儒家相信“人格”有绝大的感召力，所以在此基础上便发展为“为政在人”、“有治人，无治法”等极端的“人治”主义。

孔子把“仁”作为最高的道德原则、道德标准和道德境界。他第一个把整体的道德规范集于一体，形成了以“仁”为核心的伦理思想结构，它包括孝、弟（悌）、忠、恕、礼、知、勇、恭、宽、信、敏、惠等内容。其中孝悌是仁的基础，是仁学思想体系的基本支柱之一。

“仁”是儒家学说的核心，对中华文化和社会的发展产生了重大影响。

但是自从鸦片战争和甲午战争失败后，中国的思想界在反思中国落后挨打的原因。矛头所向就是统治阶层沿用了几千年的儒学及其它古代文化，首先，是1919年五四运动呐喊“打倒孔家店”；其次是1966年文革初期发动的“破四旧、立四新”；最后是1974年“批林批孔”。这一系列运动使得中国的传统价值观和道德体系遭到了极大的破坏。

一、首先让我们来客观地分析一下儒家文化的优点与缺点。

儒学的优点：

儒家思想的核心是仁、义、礼、智、信、恕、忠、孝、悌。仁就是以“爱人”之心推行仁政，使社会成员都享有生存和幸福的权利；礼就是用“正名”（即道德教化）的方法建立社会的道德秩序，使社会成员对自身的社会地位都有稳定的道德认可和道德定位。其所传授的主要是四书五经。

在中国帝制社会形成之前及初期，先秦儒家提倡德政、礼治和贤人政治，强调道德感化；法家提倡“一断于法”，实行严刑峻法，强调暴力统治；道家提倡顺乎自然，“无为而治”，三者具有很大的互补性。经过秦、西汉初年的治国实践证明：在动荡年代，军阀割据，难以用儒家路线实行全国大一统，而法家路线却能收到这样的效果；在动荡结束之初，人口凋弊，生产破坏，应该实行道家无为政治，与民休息，以恢复和发展生产；当国家稳定，走上正常运行轨道之后，不能再实行严刑峻法的暴力统治，而以儒家路线为宜。三者之间表现出了互相融合趋势。如历史学家黄现璠所说：汉由开国至武帝，“六十余年间，社会经济已呈繁荣；帝王集权亦经树立；学术思想自然趋于统一。盖诸家学说皆与帝王集权冲突，如墨家主平等，道家主放任，等等，皆不利于帝王集权。儒家与民言服从，与君言仁政，正合帝王专制之治。”董仲舒以儒家思想为基础，采纳了韩非提出的“三纲”思想，兼采道家的合理思想，提出了大一统、君权神授、三纲五常等思想，奠定了中国帝制社会统治思想的基本格局。从此以后，以汉代儒家伦理道德为中心，以法家的严刑峻法为辅助，以道家权术政治为手段的治国模式基本上成为中国帝制社会奉行不变的治国圭臬。

历史地来看，早期儒家表达的是自然经济条件下平民顺天应命的愿望，寄望于圣贤而不是平民自身将其付诸实现。政治上表现为精英主义或贤人政治而不是能够产生贤人、抑制恶人的制度，停留在道德说教的层面。教育上侧重于从平民中养成君子，参与公共事务而不是广泛的对自然、社会、人类自身奥秘的探索。汉代之后的儒家进一步异化为皇帝进行统治的思想工具，实质上成为社会伦理学与社会管理学。其具有的优点之一是强调人通过修养成为有社会责任感，自强、自尊、自重、自省，节制思想，和孝悌仁义等社会伦理道德的君子。君子是什么人呢？“君者，羣也，羣下归心也。”（《白虎通》），这是说君子要做群的代表。从字的组成来看，群是由一个君领着羊组成。中国自古以来对于治理天下就有牧羊之说，由此看来，儒家认为治理天下的人应该是君子。君子进一步修养而成为贤人。贤人再进一步修养的最高境界是成为内圣外王的圣人。内圣，是自身修养的高度。外王，是人的社会功用。儒家学说优点之二是个人与社会、人类与自然、人心与天道的和谐发展原则，例如儒家提出的天人合一，“忠恕之道”，“己所不欲，勿施于人”。之三是注重平民教育和机会相对均等的教育公平。即使在商品经济社会的今天，这些也是需要的。日本、韩国、新加坡、台湾、香港等东亚国家和地区以儒家大同社会理想和西方宪政相结合来实现资本主义，所谓“儒家资本主义”模式，已经成功地迈过“中等收入陷阱”，初步取得成效，就是例证。

儒家、尤其是汉代以后儒家的缺点：

1. 儒家强调道德感化，不注重建设制度。孔子之教，以刑法治国毕竟不如德教治国尽美尽善。直欲以礼代律，以春秋断事。但正如黄仁宇所述“以熟读诗书的文人治理农民，他们不可能改进这个司法制度，更谈不上保障人权。法律的解释和执行离不开传统的伦理，组织上也没有对付复杂的因素和多元关系的能力。”这导致中国社会法治不彰。“中国两千年来，以道德代替法制，至明代而极，这就是一切问题的症结”。“法律不外是行政的一种工具，而不是被统治者的保障”。海瑞的一生经历，就说明以“个人道德之长，仍不能补组织和技术之短”。一个堂堂的台谏之臣被万历皇帝称为“迂戆”，海瑞“和洪武皇帝都没有想到，政府不用技术和经济的力量扶持民众，而单纯依靠政治上的压力和道德上的宣传，结果只能是事与愿违”。就连自认为是“十全老人”的乾隆皇帝，也用“议罪银”而不是制度对渎职犯法的各省督抚进行薄惩，还美其名曰“爱惜人才”。大贪官和珅坐拥海量财富，大部分就来自于“议罪银”的回扣。受罚官员花钱消灾之后，还得拼命把这些钱挣回来，一层层盘剥下去，最后都转嫁到最底层老百姓身上。正因为在中国法治不彰，大家普遍不相信庭审，不服从法院判决。所以很多案件判后当事人照旧不服，反复越级上访。而当地领导为了政绩，为了维稳，只好花纳税人的钱买平安。这反而造就了一批上访专业户。很多经济纠纷最后的解决方式都会诉诸民间耍流氓方式，因为这种方式最有效。例如一方花钱雇一群无业人员围堵另一方闹事，而这种情况下另一方报警也没用，只要不动手出人命警察基本是和稀泥。如果您指望法院强制执行，基本上您会失望的。笔者就曾亲身经历过两次法院强制执行，两次法院以各种理由不作为，执行结果等于零，没有实现任何权益，反而要花20多万做各种软硬件比对试验，以证明对方确实是侵犯知识产权的惨痛经验。

2. 儒家学说"为皇帝树立了一个绝对的、至高无上的、卓越的、全能的权力；""忠实的第一条款——忠君的绝对责任——取代了并相当于在所有宗教里忠实的第一条款的内容——对神的信仰。"相对于儒家对皇帝的信仰而言，其它中国和西方的"宗教教导人们对神的信仰，尽管是虚假的，是一个幻想，"却有助于人们"对宇宙神圣秩序的信仰"。这可以激发人们探究"宇宙神圣秩序"，鼓励创新。人君如果不服从神的意志，不服从"宇宙神圣秩序"，还可以被人民以神的名义推翻。但人民如果信仰皇帝，而皇帝是昏君时，这种信仰就会阻碍社会进步了。汉代儒家所推崇的三纲五常鼓吹的就是这样一种阻碍进步的信仰。其寄希望于贤人政治而不是能够产生贤人的、具有自纠错机制的制度。几千年来仁人志士一直致力于"得君行道"。但历史已经证明，贤人的出现是小概率事件（小于2%），而庸主、昏君、暴君的出现则是大概率事件。由于儒家没有解决圣贤产生的机制，因此本质上这种治国理论是凭借运气而不是凭借制度。一直到现在，某些所谓新儒家还在提倡500年出一个圣人暨立法者，靠运气而不是靠制度。真是可悲的很！三纲五常被统治者接受并独尊了2000多年，严重地束缚了国人的思想，是导致中国人千百年来只是做臣民，顺应者居多，民族在近代落后的重要原因之一。

3. 儒家注重道德说教而不是行动，寄望于圣贤而不是自己将它付诸实现。这也是深受儒家影响的中国教育只能培养帝师、但培养不了领袖，中国的知识分子群体几千年来都只是一种附庸的重要原因。顺便说一句，这应该也算是一种中国特色。拿同处于亚洲的日本举例，其武士实际上也都非常注重学习，是社会上相对有知识的人，但是与中国不同的是日本武士不仅注重学习书本知识，而且注重践行。儒家的这种习惯延续到今天，就是大家都寄希望于有一个明君，有一个好官，而不是自己如何去努力创造一个能够产生明君的制度。例如2013年年初，整个经济界和理论界都抱了很大期望，都期望上面怎么怎么样。但我认为中国的事情更加需要全体人民的努力，需要全体人民的自省、自我更新、知行合一。

4. 儒家在思维方法上有三大缺陷。一是尊圣宗经。从孔子时就"述而不作，信而好古。"朱熹集注："述，传旧而已，作，则创始也。"翻译成现代语言就是只阐述而不创作，相信而且喜好古代的东西。之后荀况大声疾呼百家争鸣"无裨于治，是奸人的奸辩，应予禁绝，只准谈'礼'"，到董仲舒"罢黜百家，独尊儒术"及其后继者，都是"以政治权威成为无上权威，使文化从属于政治权威，绝对不得涉及超过政治权威的宇宙与其他问题的这种文化"。与苏格拉底教人怀疑不同，孔子以传授信条为己任，并以文化标志自居，在其学生吹捧和统治者利用下，无所不知的"圣人"产生了。杨雄曰："万物纷错则悬诸天，众言淆乱则折诸圣。"这是典型的思维懒汉的做法。这种思想在汉代以后开始形成古文经学派。这反映了儒家思想上保守且懒惰的一面。遵从"述而不作"的原则，那么对古代的东西只能陈陈相因，就不再会有思想的创新和发展。墨家就批评孔子的"述而不作"，主张"述而且作"，批评孔子和儒家的繁琐礼仪。儒家的这种思维传统深刻地影响了中国社会。从古至今，毫无二致。最典型的就是从上世纪50年代开始，领袖教导、"最高指示"成为判定革命与反革命、罪与非罪、善与恶、是与非的标准，时至今日，领导人的批示和讲话大于法的状况也没有改变。二是不讲逻辑。且看孟子怎样征讨墨子和杨子："杨氏为我，是无君也；墨氏兼爱，是无父也。无父无君，是禽兽也。"为我就是无君？兼爱就是无父？这个大前提，已经没什么道理，后面的推论和结论，更令人不寒而栗！早在17世纪，利玛窦就认定："他们（指中国人）没有逻辑规则的概念"，即使在道德哲学领域所达到的，也仅是"一系列混乱的格言和推论"。三是扼杀异端，残酷摧毁。带头的就是孔夫子。《论语·为政》中说："攻乎异端，斯害也已！"鲁定公14年，孔丘任鲁国大司寇，代理宰相，上任后7日就把和他有利益之争的少正卯，以"君子之诛"杀死在东观之下，并暴尸3日。儒家文化在中央集权统治者的倡导下，统治了中国思想界，抑制了创新，"所以中国没有数学，没有逻辑学"，乃至没有科学。

5. 儒家对人性阴暗面的理解比较肤浅。就好比地球永远都会有白天和黑夜的同时存在一样，人性中除了拥有光彩的一面外也离不开阴暗的一面。三字经说：人之初，"性本善"。实际远不是那么回事。只有正视人性恶的一面，才能从制度角度考虑如何建立遏制人性恶的机制。但是，现在中国电影的弹性审查标准是"怪力乱，不存在；人性恶，勿体现"，这并不利于整个社会的健康发展。

6. 每一个个体都处于群体之内，而群体是由每一个个体所组成，因此群体也同样处于个体之内。儒家着重认识个人在人群中的社会属性，看到了个人的秩序属性、道德属性，看到了个人的家、国属性或民族属性、外在扮演角色的社会经济属性等。程朱理学讲存天理、灭人欲，存集体、灭个人。以儒家为主流的中国文化是集体主义取向，强调群体，最终以团体中领袖的个性为群体共性，在一定程度上忽视、压抑和扼杀了组成群体的每一个个体的个性。最明显的例子如中国人写自己的姓名是家族姓在前，自己名在后，欧美人写自己的姓名是自己名在前，家族姓在后；中国人寄信写地址是由大到小序列，国家名、城市名、街道名、门牌号等，而欧美人写地址是反着来的；中国人称自己为敝人、鄙人、在下、小民等，而英美人称自己为大写的“I”，在罗马数字里表示“一”的意思；中国人称自己的妻子为贱妾、贱内、贱荆、拙荆、山荆、荆妻、荆人、荆室、荆妇等，而英美人称自己的妻子为wife，译为夫人、太太。这种压抑个性的传统一直延续到当代中国。例如延安整风时任弼时、周恩来、张闻天等人在同毛泽东发生分歧时所表现出的忍让妥协；庐山会议时许多老同志为了避免中共分裂的大局流着泪恳求彭德怀承认错误等。且看林彪对于民主集中制的理解：“党性，遵命性也。”（这岂不等于党性=奴性？那么党员是否等于奴才呢？）“遵命乃大德、大勇、大智。”“民主集中制——服从——纪律。”“勿讲真理而重迎合。”“主席就是最大的群众，他一个人顶亿万人，所以和他的关系搞好了，就等于对群众搞好了，这是最大的选票。”“决议不好也同意——头等意义，不然就是书呆子。”这些自称为马克思主义信徒的做法实际上是传统儒家文化存集体、灭个人的做法，并不符合马克思的教导。人类的发展模式无论如何也离不开个性的发展，个体与群体间的关系，其实是人类认识和实践中所遇到纷繁世界中最普遍的问题。心理学家常说生命就是关系，关系的品质决定生命的品质！“正如基本粒子的特征作为物质结构与功能的微观表达一样，探索个体行为选择也就构成了社会物理学研究的还原论思考”。儒家文化在个体与群体间的关系的处理上仅仅适合于原始的自然经济、落后的小农经济，中央集权的政治体制，并不适合需要讨价还价协商的商品经济、民主政治，更不利于创新。

7. 以儒家思想为主流的中国文化对于个人作为一个生命体的内在世界、内心的矛盾与冲突等体察和认识不够。

8. 儒家文化是反映农耕文明和宗法制的周礼之产物。由于农耕文明劳动分工和宗法制的形成，造成了这种文化对妇女的偏见。在周朝之前的商朝，商业文明和农耕文明是共存的。殷代的双宗法保证了母亲在生育中的较高地位。妇女在社会生活中地位较高且较为活跃。如妇女死后可以独立受到祭祀，有一定的私人财富，能独立经营田产，部分贵族妇女如妇好等还曾统领军队、指挥作战、统率田畋和守卫国土，妇女还可以主持祭祀、占卜，任巫祝乃至地位不低的大臣，比较广泛地参与社会生活。在周之后，从秦到东汉， 随着宗法制的逐渐增强，妇女的地位呈现出一种逐渐下降的趋势，宋明清时妇女的社会地位就更低了。这与古代西方尊重妇女，王室女性成员也可继承王位的做法有天壤之别。即使现在中国妇女经济和政治地位大幅度提高了，但是对于女性的歧视仍然到处可见。且不说农村中经常发生的为要一个男孩而超生或溺死女婴的现象，就是在受过高等教育的人群中，对于伴侣的称呼也可略见一斑。例如英美人士并称自己和夫人时，是夫人的名字在前，“I”在后，而中国知识分子并称时，是“我和夫人”，俗一点的就说“我和我老婆”，“我”总是在前的。

随着改革开放的深入，中国也逐步汇入了世界工商业文明的主流，我们需要以开放和进取的胸怀继承和光大民族传统中儒家社会责任感和注重教育的优点，摒弃其缺点，吸收外来工商业文明的商品经济、创新、开放、进取、尊重个体权利的优点，形成新的主流文化，才能迎来民族的振兴和可持续发展。

二、儒家文化的局限性

1. 儒家思想在人文科学里的局限性

儒家思想虽然对中国老百姓的影响很大，同时也为中华民族的发展做出了巨大的贡献，但是它自身也存在着极大的缺陷。这些缺陷我们可以从儒家思想在人文科学与自然科学里的局限性来作研究。本节主要探讨一下儒家思想在人文科学里的局限性。

儒家思想对中国人文思想的构建做出了很大的贡献，但是所存在的缺陷也是很多的。

严格限制女性的权利。儒家提倡的“女子权利”对女性原本的权利进行了极大的限制，是对女人本性的不仁道。比如女人不能参加正规的学习，不能参加政治，不能参加学术讨论，社会各种关系对女人自身的发展不给予太多的空间。在中国几千年的封建历史里，有影响的女政治家、文学家、商人等几乎没有几个。政治家也就吕后、武则天、慈禧可以拿的上台面。文学家也就只有李清照比较有名，剩下的就是几个没有名气的女性文学家，比如蔡文姬、苏蕙、谢道韫、班婕妤等人。有名的女商人几乎就没有，这虽然和中国重官轻商的传统思想有很大的关系，更重要的是对女性的不重视与不尊重。这些结果都与儒家思想对女性行为的极大限制有很大的关系。所以儒家思想最大的缺点就是淹没了女人发展的潜力，其实女人对社会的贡献能力并不会低于男性，女人的思想潜力也是男人无法替代的。所以说儒家思想最大的害处就是限制了女人的发展，使得在这部分历史阶段中，丧失了促进人类发展的另一大动力源。

极大的约束人的行为与思想。儒家思想最大的核心就是“礼”。几乎所有的人都知道中国是一个礼仪大国，礼仪可以说是一个社交的通行证。但是礼仪的规范要是太过了就是一种迂礼，就会把人框在一个牢笼里，限制自我思想的发展。过重凡俗的礼节是会严重的降低做事的效率，限制人类思想的开发与发展。中国这几千年来没有出现太多的科学研究，是和华夏这些年来的思想方向有很大的关系。比如老师有什么思想错误，学生是不可以提出来的，更加错误的是，学生还必须要学这些错误的思想，这样就会从孩子开始就把思想方向固定了，自然而然的就会缺乏创新的思维。礼仪就是一种行为约束规范，因为任何的规范都会限制人的思考能力，所以过分的礼仪规范是会严重阻碍人类自我思想的发展。

中庸之道的缺陷。中国的儒家思想，另一个最核心的思想就是“中庸”，可以说中庸是中国文化的灵魂，指导着中国这些年来的人文发展方向。有人说，中庸的“中”字，应该理解为合适的意思，但是无论如何“庸”字还是解释为平常、不高明的意思。一个中庸的人就是一个找到自己合适位置的人，这也只是其中的一种解释。中庸的人，可以认为他是一个没有什么远大追求的人，只想做一个平和、易于满足的人。虽然中庸的思想会减少很多的冲突，但是会使得我们失去很多的东西，比如不太容易进取，太容易满足。如果太过于中庸就会出现懦弱，所以人的懦弱都是从中庸开始的，对于一个正义的人来说不要太偏于中庸，过于中庸一般是解决不了问题，最多可以起到自我保护的作用。我们可以把中庸理解为做任何事都要给自己留后路，往往太容易给自己留后路的人是很难成功的，所以我们要想成功就要摆脱中庸的思想。中庸的思想缺乏一种魄力，犹如一把好刀缺少尖锐刀锋一样。所以我们要在中庸的思想上狠狠的加一点“亮剑”的精神。

君王统治的服务器。儒家的思想起源就是为了给帝王服务的思想，就连孔子原本的想法也不是想为老百姓做些什么，而是想为君王做些什么，想为国家做些什么。所以儒家最初的思想出发点就是为了辅助帝王如何更好的统治百姓。所以儒家思想培养出了一批又一批皇帝的奴才，帮着皇帝统治着普通老百姓。用更多的礼仪来限制百姓的思想与行为，犹如一个披着狼皮的羊，在无形中奴役百姓的思想。儒家思想能被汉武帝如此的推崇，就是因为它可以很好的统治百姓，让百姓们任劳任怨的给皇帝卖命。比如老百姓交地租是天经地义的事，臣子们就原本就应该无二心的效忠皇帝等等。这些都是儒家用来奴役百姓的手段与想法。

等级制度严重。儒家思想中有很深的等级制度，这和封建社会的高层阶级的私人利益有着很大的关系，毕竟儒家思想是为君王服务的。犹如民见官必须下跪，晚辈见长辈必须弯腰行礼，女人不能上酒席等等都是社会等级的表现。所以儒家思想是一种不公平的思想，缺少人天生就是平等的想法，这样会遏制一些有潜力的人发展自我的能力，一般总是低头哈腰的人不会有太多自己的想法，所以就限制了自我各方面的发展，是浪费社会资源的一种不良手段。

过度的理想化。把社会的发展或是把国家的发展都编织了一个框架，把所有的行为都做了一个定义，比如把人分为小人与君子，小人就是小人，君子就是君子。这样是想把人都训练成听话的人，用君子来约束人的行为。其实在现实生活中，并不存在儒家思想里所定义的君子，也没有儒家思想里定义的小人。儒家思想认为人本善，其实这个是错误的，因为并没有纯本善，纯本恶的人，这个思想的出发点不外乎想说人是可以教化的，可以训成一个听话的人，所以儒家的思想是一种自我理想化的思想。

总之，儒家思想在人文科学里，有着很多的缺陷，同时儒家的思想就是给百姓画了一个行为与思想的圈，不允许任何人出圈。所以儒家思想是一种墨守成规的思想，是一种缺乏创新的思想。

2. 儒家思想在自然科学的局限性

儒家思想最大的贡献是促进了人与人之间和谐相处的关系，

人与社会和谐相处的关系。我们可以看出，它在人文科学里存在着很大的缺陷，但是它最大的缺陷是没有重视自然科学的研究，没有看到人类自我本质无限的潜能，更没有找到自我潜能开发的方法。

儒家思想的内容主要是停留在了人与人之间的关系研究，没有关注更广阔的天空，宇宙的探讨，及物质本源的研究。所以说儒家思想是具有很大的局限性，放在未知世界里，可以说是一种无知的思想，肤浅的思想。儒家思想在人文领域里有很大的影响力，但是放在宇宙的世界里就显得苍白无力了。

我们对未知世界的研究是必要的，因为它不仅关系着我们的发展，更关系着我们的生存。比如地震、海啸、火山、疾病都是我们现在无法预测到的灾难，这些都是值得我们利用人类的智慧去解决的问题，虽然这需要我们很多代的研究与发现，但是仍然需要我去积极的去应对。

儒家的思想原本就是一种约束的思想，一个约束的思想很难打开人的思维能力。一个不能打开思维能力的人很难去认识未知的世界。我们对未知世界的认识是需要许多不切合实际的想象力，但是儒家思想又是一种光顾眼前的务实思想。它原本就具有极大的框架性，比如一个人想发达，就必须苦学儒家学说，考取功名才有出头之日，才能光宗耀祖。所以对于儒家思想统治的社会里，一个有理想的人，无非是好好学习儒家，然后考取功名，做个官，最多写一些言论。这些就是儒学畅行时代人的命运，考不取功名的儒生们就更惨了，只能靠教书、卖画、卖字为生，一辈子活在生不逢时的痛苦中。

因为任何时代都会出现一个主流思想，这个主流思想就会固定整个社会的发展方向，自然的就决定了这个时代的人需要去做些什么。比如现代人民崇拜的是金钱，所以人民每天的目的都是为了挣钱，一切的活动都是围着钱转。在古罗马时代，人民崇尚的就是土地扩张，所以人民就对战争比较热爱，自然就出现了很多的将军，军事家，出现了最强大的军队。在中国的封建社会人民追求的就是做官，学习儒家考取功名才是唯一的出路，所以人民都拼了命的去学儒，随意也成就了很多儒学大家。

但是无论是学儒、战争、崇拜金钱都不是我们活着的真正意义，所以这些都不是我们本质上想要的，所以这些思想的方向在人类发展的历史长河里是错误的，是局限的，是肤浅的，是可笑的，所以我们要纠正这些错误的想法，避免这种价值观继续残害人类。

所以我们要在基本的社会关系及基本的物质保障上，树立起正确的价值观，儒家对于我们社会的和谐规范起到了很大的作用，儒家思想里的很多辩证法也值得我们深刻研究，我们认知未知世界时可以借鉴。但是在大的人生价值观上是严重不可取的，儒家思想可以调节我们的生活关系，但不能促进我们对未知事物的认知。

在大的宇宙环境里，不仅儒家思想是错误的，肤浅的，渺小的。就连很多所谓的科学对未知世界的认识，也是不全面的，不正确的，不深刻的。其实我们现在认识的科学，对于物质的本质来说大多都是伪科学，不是真正的科学。所以说我们还在真正科学的外面游荡、乞讨和没有方向。

所以说儒家思想在封建社会短暂的时光里，对人类真正要去往的方向并没有给出来，而是给了一点小的表面的思想，比如对人文思想的一点贡献，但是在人文思想里它也是存在着极大的缺陷的。所以说儒家思想是严重阻碍了人类发展的思想，把人类阻挡在科学的门外，成了两千多年的流浪者。

其实当我们往往提起科学、未知世界、思想、价值观，有很多的东西都让我们哭笑不得，因为我们根本不知道我们需要什么，我们总是从原点出发然后走了一辈子的辛苦路，最终还是绕到了原点。我们活了一辈子，却一辈子都没弄清楚我们活着的真正的意义。

在宇宙的大空间里，时间的长河中，周文王、秦始皇、汉武帝、唐高宗、康熙大帝，姜太公、老子、孔子、庄子、孟子、张良、董仲舒、程颐、程颢、邵雍、周敦颐、朱熹、陆九渊、王阳明、董必武等等，其实都是微不足道的人物。因为之前这些被称为是儒学大家，还是道家，帝王之家，对人类真正的进步并没有做出太大的贡献，所以他们是微不足道的。推进人类进一小步的可以说牛顿、爱因斯坦等人是第一批，但是他们的贡献也是很小的，真正推进人类进入未知世界的人物还没有出现，这个人物不是一个，可能是一批，可能一个时代的产物。我们现在只是在这个时代的萌芽期的前期，所以我们需要做出更多的努力。

总言之，儒家思想在封建社会里看是非常正确的，是值得每一个当时的人苦心学习和专研的思想。但是放在宇宙的大环境里这样的思想是有点渺小了，有点肤浅了，有点不贴合人类真正进步的方向，有点不切合宇宙发展的本质。

三、历史上的学者总结出来的儒学优点和糟粕

儒学的优点：

1. 儒学是一种修身立德、培养高尚情操、成就理想人格的人生哲学。

2. 儒学是一种宅心于仁、善待他人、和谐人际关系的社会伦理学说。

3. 儒学是一种修己安人、以德治国、富有民本思想传统的政治学说。

4. 儒学是一种尊师重教、学思结合、知行统一的教育学说。

儒学的十大糟粕：

鲁迅先生说："翻阅两千年的中国文明史，只看到两个大字：吃人"，诚哉斯言！鉴于近日，国学之风又起，害人无数，有必要再次将孔子的糟粕思想进行梳理，以示国人。

1.等级观念：孔子推崇君权、父权、夫权，提倡愚忠、愚孝、愚节。在孔子的观念里，君臣父子夫妻，各有其位，等级森严，不容僭越，绝无平等之必要，更无平等之可能。导致国人只知专制，不识民主，以为命由天定，其实人人生而平等。孔子的这种专制思想、等级观念逐渐渗透进国人的血液里，流淌至今，如附骨之蛆，剔之不去。

2.孔子力主推行愚民政策，让民众按照统治者的意思去做事，却不要让他们知道这样做的原因。愚民为何？一句话：便于统治！中国近现代的诸多落后，以及国人骨子里的奴性十足，都是两千多年的专制思想和愚民教育合力作用的结果。对此，孔老夫子，恐怕难辞其咎。

3.简单的二元思维：孔子眼里，人只有两类，非君子即小人。如此简单的二元思维，导致国人在面对多元社会，多元问题时的无能为力和不知所措。其实人性之复杂，根本就不是君子和小人所能涵盖的，当然，孔子认为一分为二足矣。

4. 孔子只重阐述，不提倡原创，结果中国历代知识分子只能将古人的思想陈陈相因，多是些训诂、考据、索隐之学，而新思想的诞生几无可能。此便为春秋战国之后，中国再无思想大家之根源所在。另外，一个不重视原创的民族只会出现现在这样的结果：抄袭严重，盗版猖獗。

5. 迷信古人：孔子的目标永远向后，只恨不能回到周初，为周公洗足，替武王捶背。导致的结果是，人人迷信古人，而古人迷信更古的人。年纪轻轻就开始怀旧，不思进取，只知慨叹人心不古，其实古人之心未必如今。

6. 歧视女性：孔子轻贱女性，视女子为小人，导致的结果是数千年的重男轻女，造孽无数。

7. 狭隘的民族主义：孔子心中那“正统嫡传”的文化道德优越感，逐渐演变成国人心目中“天朝上国”之莫名其妙的观念，至明清而愈演愈烈，举国上下，不知天外有天，遂有清末之辱。细细揣度，人类之战争，半数以上起于民族主义，一战、二战之德国日耳曼民族、日本大和民族，皆因自以为优而彼等劣，遂起贪心，致生灵涂炭。现今，国内经济略有好转，民族主义叫嚣又起，望国人慎之再慎，

8. 孔子提倡事不关己，高高挂起。如此这般，社会责任感，从何谈起？

9. 孔子是典型的精英主义者，骨子里看不起劳动人民，视农民、菜农、手工业者为小人。

10. 孔子为人虚伪，言行不一，在卫国见南子，惹众弟子不悦一事，将其说一套，行一套的嘴脸暴露无疑。

四、为什么儒学不能成为一个宗教

儒学只是一个思想，包括现在的马克思列宁主义，为什么不能成为宗教的原因到底是什么？

那就是儒学以及马克思列宁主义中没有一个人们为之敬畏和崇拜的造世主，那就无法遏制人们心目中丑恶的一面。

儒学与宗教根本就不是一个层面的东西。

首先是最初的出发点、立意的不同。

儒学的出发点，是为了建立一个稳固进取的社会形态，这也是孔子理论运思（立意）的核心所在。在权力上诸侯割据，动荡不安，男盗女娼的社会现实基础上，孔子出演的是一个社会结构工程师的角色，致力于构架一个生产生活秩序井然、个人有安身立命之所、保留人的上升渠道可能性这样一种社会结构。当然，由于当时对自然和人性认识的有限，以及在各种现实压力阶层利益的挤压下，孔子和他的门徒们是尽了很大的努力来保存完善儒学体系的。

基督教的思考的出发点是宇宙和人类的存在及其意义，或者说人类在宇宙中的定位。当然，耶稣对自然和人类的认知也是有限的，不知道物理学的种种定理，也没有生物进化的概念。但是，耶稣却通过一种直觉的领悟，领略到一种包罗万相，无所不在的大智慧，大秩序——当我们看到一朵美丽的花，直惊讶其美好：GOD，如此的美是怎么得以可能生发出来的呀！山河、四季、生命、日升日落，明月星空，周而复始----------这一切的一切多么的完美、有序。这中间蕴藏着多么大的智慧呀！不可思议——这种领会是我所知道的几种大的宗教中共性的东西，老子称作“道”，乔达摩称作“佛境”，耶稣说“上帝”。

正是这种横空出世的领悟，在理论和宗教之间划出一道不可逾越的鸿沟。不论宗教的教义，和那些繁杂变形的象征。这种引领宗教的领会是一种必须通过直觉才能触摸得到的虚无，是理性和情感所不能通达的存在。而所谓的儒学，包括被称作哲学的体例，都是一砖一瓦建在实地上的，是在理论论证和实践论证双重杀伐下的存在，或曾经存在。这就是宗教与哲学及各种理论体系的根本的分野。

当然也有人称老子是哲学家，耶稣是哲学家，乔达摩是哲学家。这就要到语言学中找原因了。

严格地来说，孔子是不能被称作哲学家的，哲学家必需具有一种诚实的秉性，对世界，对自我的真诚。孔子醉心政治，政治本性虚伪，造作（是以有君子之伪）。但是不可否定他是一个好的社会构架的工程师。

免责声明：

本章中引用了一些网上没有出处的观点，并非是本书《爱华思想和文化》的重点，在后面“爱华”思想和文化章节中不会再提及。

第七章　道教的优缺点以及局限性

（从古至今有很多关于道教的优缺点以及局限性分析，摘选一些略作修改。）

道教，是发源于古代本土中国春秋战国的方仙道，是一个崇拜诸多神明的多神教原生的宗教形式，主要宗旨是追求长生不死、得道成仙、济世救人。在古中国传统文化中占有重要地位，在现代世界的也积极发展。道家虽然从战国时代即为诸子百家之一，道教把原为道德哲学家神化了。直到汉朝后期才有教团产生，益州（今四川）的天师道奉老子为太上老君。至南北朝时道教宗教形式逐渐完善。老子李耳（太上老君）是唐室先祖，唐代尊封老子为大道元阙圣祖太上玄元皇帝。

道教以“道”为最高信仰，认为“道”是化生万物的本原。在中华传统文化中，道教是与儒学和佛教一起的一种占据着主导地位的理论学说和寻求有关实践练成神仙的方法。

现在学术界所说的道教，是指在中国古代宗教信仰的基础上，承袭了方仙道、黄老道和民间天神信仰等大部分宗教观念和修持方法，逐步形成的以“道”作为最高信仰。主要是奉太上老君为教主，并以老子的《道德经》等为修仙境界经典非修真主要经典，追求修炼成为神仙的一种中国的宗教，道教成仙或成神的主要方法大致可以归纳为五种，服食仙药，外丹等，炼气与导引，内丹修炼，并借由道教科仪与本身法术修为等仪式来功德成仙，常见后来的神仙多为内丹修炼和功德成神者与道术的修练者。

一、道教的优缺点

1. 先说优点：

主要是和环保相关的道家思想源远流长，“无为”之朴，顺其自然，常常在华夏儿女的日常生活实践中得到体现，而面临当今的变幻莫测的自然环境和国际环境，道家的思想又会给我们以深刻的启发和鞭策。

环境污染、生态系统失去平衡，正日益成为威胁全人类生存和发展的重大而严重问题。而普遍存在于全球的严重的生态环境问题的产生，根源于以人类中心主义为本的对待自然的生态伦理观。因此，这一问题的控制和“根本”解决，都要以生态学原理为基础，用生态学的原理和理论指导社会实践，使环境永远成为人类社会持续、协调、稳定发展的良好支持和保证。现代生态伦理学理论认为，人与自然万物都是生态系统中的一部分，作为“万物之灵”的人类并不比其他自然万物具有更高、更优胜的地位。这种整体思维方式和整体观，在道家道教典籍中是被反复强调和论述的。

道家坚持人类与自然、宇宙整体的统一，把个人作为自然有机体的一部分，把个人置于与他物平等相处的地位的前提下来确认自我、规范自我。“道法自然”揭示了整个宇宙的特性以及生生不息的流行规律，“道”又通过“德”的外化作用，把天地间这些包罗万象的事物的属性完整地表现出来，这就是说“观天之道，执天之行”。

2. 再说弊端：

道家是诸子百家中一个极为重要的哲学流派，而道家思想则对中华文化各个领域，乃至世界文化都产生了深远的影响。不过，事物都有两面性，有积极的一面就会有消极的一面，需要后人以取其精华、去其糟粕的眼光去看待。

道家思想主要是沿两条路线发展的：一条是“无为主义”的政治学，讲究清静无为，与世不争。它盛行于战国和西汉初期的黄老学派，主张“无为而治”。另一条是 " 任自然 " 的人生哲学。就是“天人合一”，争取自然与人类的和谐统一。

道家思想是中国最为重要也是最有影响力的哲学思想之一，许多思想都是贴合实际又通于玄理的，有时道家至简一句话就能说明复杂的道理。但是，道家因鄙弃狭隘功利主义，而常常走向极端。

例如，道家思想主张绝对虚无，反对一切作为，甚至进而反对一切人类文化、知识和技术的进步、否定文明的价值；反对权威和社会的等级秩序，批判社会弊端而放弃社会责任，淡漠参与意识，也即所谓的“消极避世”，不信任甚至完全拒绝任何具体实际的社会改革措施等等。这些历史的局限性和消极面，对中国传统文化又产生了许多不良的影响，也对中华民族精神具有一定的腐蚀性，这些也是我们必须注意的。

二、道教的局限性

老子辩证法思想的精华，是在于他认识到事物都是对立面的统一，相互依存，不是孤立存在的。但他的辩证法思想只是一些幼芽，是很不彻底的。他把对立面的转化看成是无条件的、绝对的，脱离了条件讲转化，并且主张用消极无为的方法来避免转化带来的危害（“无为，故无败，无执，故无失”）。看到了事物的变动性，又主张宁静来避免变动，这说明他自身的思想也是充满矛盾的。他过分地强调矛盾的统一性，而忽视其斗争性一面的作用，把人引向消极无为的境地。所以老子的学说常常为失势者所倡导，起了一种自我安慰的作用。有的学者竟然称之为“阿Q精神”之源。但从《史记·老子传》等历史资料看，老子的思想与其生活的历史条件息息相关。老子是生活在春秋战国的历史巨变时代。当时新兴的地主正在兴起，奴隶制度正在崩溃。许多旧的奴隶主，有的转为封建地主，有的则沦落为自由民。老子从楚流到周去当“守藏吏”，看来是个失去了领地的没落贵族。地位的变化使他有些接近农民、自由民。因此，老子在政治思想上，不免充满着矛盾：一方面他依然看不起老百姓，主张愚民政策，一方面又同情农民的遭遇，抨击现实社会的不公，提倡不要扰民，主张复古倒退，描绘了一个平均主义的乌托邦；一方面要百姓守柔、守朴、不争，逆来顺受，一方面又斥责新兴的统治者，要他减轻对百姓压迫，无为而治。整个思想充满着进步与反动的二重性。如单就其积极面来看，老子确是中国哲学史抨击剥削制度并有较为系统言论的第一个思想家。这种思想，而为道教所借用，一度成为农民革命的思想武器之一。而就其消极面看，老子又是中国哲学史提倡愚民政策并有系统言论的第一个思想家，这种思想，又广泛为后来统治者所利用，用来作为麻痹农民斗争意志的毒药。正因为老子的思想深深带有没落奴隶主贵族知识分子的印记，其辩证法思想也就不可能是彻底的。是半截子辩证法，半截子形而上学。一半合理，一半荒谬。他反对剥削制度，进而又反对一切社会制度；反对统治者的文化，进而反对一切文化、一切知识，就是典型的表现。

三、道教在中国为什么不能成为主导的宗教

道教讲究的是今生，不讲究来世，道家思想的遁世理想和隐世哲学过于消极，提倡无为，不免虚幻。

道家主张的是清静无为，注重个人的修行，讲究超脱，它不是那些崇拜的信仰，不是拯救众生，它只是一种追求，它对世俗看的很淡，所以很少去影响世俗，历史上著名的道家人物都是远离俗世或者游戏人生的，他们将世俗的荣华富贵看的很淡，所以并不注重发展门徒，最著名的老子，如果不是被逼无奈，连《道德经》都不一定会留下，如果是那样的话，老子恐怕将无人知晓，从这就可以看出道家对名利的态度了。

道教衰败的原因：

一、没有逻辑严密的理论体系。二、修炼的方式五花八门，有诵经的，有练武的，有呼风唤雨的，有装神弄鬼的，甚至有吞噬仙丹的。所以，没有统一的规范。三、最终的到达的境界是成为不食人间烟火的神仙。信徒看不见、摸不着，全凭大师画外传音。尤其崇尚“只可意会，不可言传”。一般人难以理解，只落得个半信半疑。在科学还不甚发达的古代社会，还能占有一席之地，博得一大批信男善女。自清朝以来，道教逐渐衰亡。特别是

西学东渐、门户开放以来，连道教普及的算卦、占卜，冶炼金丹，捉祟抓鬼，也都少有人信了。于是乎，道教离我们渐行渐远，一直被人遗忘，也就不足为奇了。如今，我们也只能在大学的学术中才能见到道教的真谛。

免责声明：

本章中引用了一些网上没有出处的观点，并非是本书《爱华思想和文化》的重点，在后面“爱华”思想和文化章节中不会再提及。

第八章 佛教的优缺点以及局限性

（从古至今有很多关于佛教的优缺点以及局限性分析，摘选一些略作修改。）

佛教距今已有两千五百多年，是由古印度迦毗罗卫国（今尼泊尔境内）王子乔达摩·悉达多所创（参考佛诞）。西方国家普遍认为佛教起源于印度，而印度事实上也在努力塑造“佛教圣地”形象。

这使得很多人产生佛祖降生在印度的错觉，这让尼泊尔民众一向不满。佛教也是世界三大宗教之一。佛，意思是“觉者”。佛又称如来、应供、正遍知、明行足、善逝、世间解、无上士、调御丈夫、天人师、世尊。佛教重视人类心灵和道德的进步和觉悟。佛教信徒修习佛教的目的即在于依照悉达多所悟到修行方法，发现生命和宇宙的真相，最终超越生死和苦、断尽一切烦恼，得到究竟解脱。

佛姓新称乔达摩（S. Gautama， P. Gotama），旧称瞿昙；因为他属于释迦（Sākya）族，人们又称他为释迦牟尼。

佛教观点

否定宿命论

佛教否定宿命论，认为人有命运，但是不鼓励人听天由命，而是希望人开创命运。佛教主张诸法因缘而生，因此命运也是因缘生法。坏的命运可以借着种植善因善缘而加以改变。命运既然可以因为行慈悲、培福德、修忏悔而加以改变，因此命运并不是必然如此不可更改的。再坏的命运也能透过种种的修持而加以改造。相反地，好的命运不知善加维护，也会失却堕落，所谓‘居安思危’，不能不戒惧谨慎！

缘起论

《中论》说：“因缘所生法，我说即是空，亦名是假名，亦是中道义”。又说：“未曾有一法，不从因缘生，是故一切法，无不是空者。”即一切事物都是因缘和合而生，既然是众缘所生，就是无自性的，就是空的。佛教认为，因缘不具备的时候，事物就消失了，这样的一种现象就是“空”。那么，什么是因缘呢？因者是主要的条件，缘者是辅助的条件，主要的条件和辅助的条件都不具备的时候，就没有事物的存在。因此，任何事物的存在都需要具备主因和辅因。当因缘具备的时候，事物就存在；因缘不具备的时候，事物就消失。

缘起论是般若思想的基础。般若重视“缘起”。《佛说造塔功德经》里有一个偈语：“诸法因缘生，我说是因缘；因缘尽故灭，我作如是说”。今天，我们不论站在什么立场上来看，这四句话都是对的，世界并不是神创造的，确实是由各种各样的因缘、条件聚合而成的，这是佛教的根本道理，也是般若最核心的思想。“缘起”是我们理解般若思想的一个重点。

反对自杀

佛教认为人身难得。众生在无量劫的轮回中，获得人身的机会如“盲龟值木”，极为难得。对修学佛法来说，人身无八无暇、有十圆满，是学习佛法最好的善缘条件。无论我们报答父母的养育之恩，追求世间的幸福生活，还是修学佛法，追求出世间的解脱利益，都要依靠这极为难得的宝贵人身。

传印会长指出，佛教既反对杀生，也反对自杀，更倡导护生。对自杀行为，佛陀有明确的呵责和禁止：“汝等愚痴，所作非法！岂不闻我所说慈忍护念众生，而今云何不忆此法？”并制定戒律：“若自杀身，得偷罗遮罪。”因此，所谓“自焚不违背教规教义”的说法是完全没有根据的。

反对末日邪说

末日传言没有任何佛教经典依据，佛教是给人信心、给人希望、给人欢喜的宗教，佛教徒不应该轻易相信和传播世界末日的说法。佛教宣称每天都是好日。

一、佛教的优缺点

佛教的优点：

佛教“众生平等”。“只要通过刻苦修行，就能达到极乐世界”的教义，对渴望解除苦难的人很有吸引力。

学习佛法的最大优点是：对生老病死有所准备，一旦出现疾病、死亡，不会觉得特别不幸，反而有勇气从容面对。

1. 会很清醒的知道这辈子要干什么，怎么去努力，不会再迷失和空虚。

2. 对各种不爽的耐受力会大大加强，甚至有时候会被人视作怪物，因为在面对他人看来可能悲伤到值得去自杀的事情，你还会兴致勃勃的在那里自我解嘲。

3. 内心的想法可以更好的追随你的意愿。比如说有些事情，你想要不去想就能不去想。这招在面对各种不爽的情绪是效果巨好啊。

4. 对爱情近乎免疫，几乎永远不会受情伤，一般人要伤心一个月，在你身上大概会不爽两个小时左右，一般人要伤心一年的情伤，在你身上大概不爽时间还是2个小时左右，一般人要伤心5年的情伤，你在身上不爽的事情依然是2个小时左右。

5. 性格变的极其独立，对外界的情感压根就没需求，热爱孤独，甚至当别人调侃的说你注定孤独一生的时候，你会忍不住很认真的感叹道:“唉，这不正是我渴求的么”。

6. 车子手机之类丢了，你也许会觉得麻烦，但不会悲伤。

7. 有机会体验到比性的快感更吸引人的快感，当然这和性的快感不是一个类型的。

8. 哪怕全世界都站在你的对立面，你也觉得无所谓，自己该走的路心里非常明了。

佛教的缺点:

佛教理论有一个很突出的特点，就是自我诅咒、自我侮辱和自我贬低。比如佛教把佛陀比喻为一坨屎，佛陀说自己不下地狱谁下地狱等等。不论佛陀贬低自己和诅咒自己的动机和理由是什么，他都是在自我诅咒和自我贬低。佛陀这样做，信徒自然也就跟着学，所以佛教实际上是一个引导信徒自我诅咒、自我侮辱和自我贬低的宗教。

作为一种宗教，佛教还有另个致命的弱点和缺陷，在于对其他宗派观点的过度包容，“包容”看起来是佛教的优点，但“过度包容”却是非常“致命”的！因为对宗教而言，自我教义与其他宗派界限模糊，这离灭亡就不远了——宗教最怕的不是外在的敌对，而是内部的异端。

从佛教史上看，佛教“过度宽容”这个特性，直接导致在其发源地印度，被主流婆罗门教同化吞并，最终覆灭；而在汉地，则尽是披着佛学名相的玄学和儒家化了的佛教，鱼龙混杂。

二、佛教的局限性

佛教主张人应该消灭欲望，忍耐顺从，有利于维护奴隶主的特权。

若论及佛教的危害，唐代傅奕言佛教“入家则破家，入国则破国”，临终告诫其子曰“妖胡乱华，举时皆惑，唯独窃叹，众不我从，悲夫！汝等勿学也”，韩愈言佛教“事佛求福，乃更得祸”。

佛经胡言乱语、啰啰唆唆、极度夸张地吹嘘，让人进入一种愚昧的妄想状态致使思想行为不切实际。佛教的“惟我独真”造成宗教冲突，并导致人的思想故步自封，断绝了智慧的源泉从而阻碍了人类社会的精神文明进步；佛教的“弃实求虚”（包括“生存为苦，寂灭为乐；不事生产，出家绝种。贬低天地，贬低人类；否定人生，毁身供佛”等等）阻碍了人类社会的物质文明进步；佛教的“弘扬末世论”宣扬人类到了末法时期，认为今人不如古人、人的心灵不如从前甚至认为现代人都是劣根，更是使人心恐慌，使人失去了对人类社会对历史未来的正常判断能力。

中华人的性情能包容，佛教进入中国，我们兼容相待，所写的著作一般会“道佛不分、仙佛平等”地提拔佛教，可是佛教却不懂事，把“天”、“神”、“仙”等中华名词安排在“佛”之下加以贬低，以惟佛独尊、“惟我独真”的态度自居，处处贬低中华文化，不仅侵占了西藏，还欲把整个中国都搞成“阿弥陀佛”。

佛教认为佛、菩萨、罗汉跳出了六道轮回，中华道教的天、神、仙没跳出六道轮回，所以佛经贬天贬神贬仙赛过家常便饭，几乎所有的佛经都贬天贬神贬仙，《大佛顶首楞严经》是最具代表的贬仙道的佛经；另观历代名僧（按：名僧是丧失中华灵魂、吃里扒外的典型）所著，由于受佛经影响，含有大量贬道贬天贬神贬仙的内容，如唐代释法琳的《破邪论》、唐代释道宣的《广弘明集》《集古今佛道论衡》、唐代释智升的《续集古今佛道论衡》、明代释交光的《楞严经正脈》、近代释印光的《印光大师全集》、近代释太虚的《太虚大师全书》等等。

当代的释净空虽也讲道教，但实为贬低道教，暗示道教不如佛教，对道教胡说八道，其在《〈了凡四训〉讲记》中贬评钟离权、吕洞宾，贬评道教不如佛教；其在讲解《华严经》时诬蔑韩愈因为写了《谏迎佛骨表》等文字毁谤佛法，堕在饿鬼道，只要文章还在世间，韩愈就离不了鬼身；其在讲解《大佛顶首楞严经·清净明诲章》时诬蔑道教神灵岳飞（民族英雄）由于杀的念头没断还在做鬼，诬蔑道教神灵妈祖只不过是海龙王，释净空同时告诫佛教徒曰：“我们对这些鬼神的态度是敬而远之，敬是说在一定的时节祭祀他，但是不能听他的教导，不可跟他学，可也不是不跟他往来，像初一、二的祭祀，春秋祭祀这是敬，一定要做到敬。

你看《安士全书》，周安士居士的态度，是学佛人对待鬼神的好榜样。我们到鬼神庙也烧香，也问讯。三宝弟子不要去拜鬼神，为什么？他担当不起！你拜他，他赶紧让位，不敢接受你礼拜他……”，释净空对道教极尽诋毁之能事！苏东坡等儒士受佛教影响也多有贬低道教之处，例如：苏东坡曾被贬谪到海南，做了主管玉局（道观）的官职，给释南华回了一首诗偈曰：“恶业相缠五十年，常行八棒十三禅，今著衲衣归玉局，可怜化作五通仙”，佛经上常言“外道仙人有五通，得五通者终堕轮回；惟佛、菩萨、罗汉等方有六通，得六通者永免轮回”，苏东坡不甘心从“六神通的佛”堕落为“五神通的仙”，这是被佛教给骗的！

佛教徒认为儒教是小学、道教是中学、佛教是大学，认为儒教修人道、道教修天道，藐视儒教、道教是“人天小果”，喜欢用“外道”、“守尸鬼”、“不免轮回”、“未出三界”、“终落空亡”、“萨伽耶贪”等等名词贬低道士。

每当有外族侵略和统治的时候，佛教更是打击中华的工具和帮凶，涣散华夏子孙的凝聚力，夺思想！劫灵魂！丧根基！失信仰！元朝烧毁《道藏》，勒令道士剃光头，尊佛教为国教；清朝贬张天师贬道教，尊佛教为国教；日本侵华时消灭道教、宣扬佛教，都懂得直捣中国根柢。

佛经中对释迦牟尼佛不切实际、惟佛独尊的神吹和对信佛、供佛之福报、消灾、灭罪的狂吹，再加上《西游记》这篇小说和元朝、清朝扬佛抑道地推波助澜，对华族的根柢予以重创。浅识之众因此妄自菲薄，毁我珠玉而夸人瓦砾，释迦牟尼佛遂成为他们心目中的中华老大。

佛经“小吹”福报可见《上品大戒经 · 校量功德品》《智慧本愿本戒上品经》，这些“二万四千倍、七祖入佛国”的福报让人善有所图、贪心大发。《出家功德经》说：“度一人出家，胜起宝塔至于梵天”，《文殊师利宝藏陀罗尼经》“造福”后又“造罪”说：“能书写此咒安于宅中，其家即得大富贵饶财常富，奴婢宝货受用无尽。若人闻此法宝藏经，不能受持读诵书写供养，不为他人广说利益，如此人辈当获大罪，如犯四重五逆等罪无有异也，一切诸佛及诸菩萨常当远离”，《大方等陀罗尼经》中《七佛灭罪真言》说：“是咒能灭四重五逆诸罪，获福无量”，《观无量寿经》说：“下品下生者，五逆十恶愚人，临命终时，具足十念，称南无阿弥陀佛，除八十亿劫生死之罪，即得往生极乐世界”……诸佛经大肆宣扬就算犯了杀死父母等五逆重罪，只要诚心念佛、念咒、念经、供养僧尼、修造佛寺或出家学佛，皆可赦免罪业，并大肆宣扬赃物施给佛寺，赃物就称作净财，施主可得极大的福报，佛教可谓是罪犯、贪官的保护伞。

佛经无甚理论，多是一些逼引、哄吓人的贪鄙至极、肆无忌惮的增福、消灾、造罪、灭罪之空话。佛教看待可怜的人和遭受不公平待遇的人以及动物，认为皆是前世作孽、现世受报的罪恶生命，佛教不思变革地鄙视弱势群体，哈官哈领导、攀缘吹捧有钱有势的“有福之人”（按：一方面，佛教徒由于经济不能自立，吃“供养”就必须进入拍马屁的状态和境界；另一方面，佛教徒认为施主沾了自己的光，为佛教做了功德获福无量，所以拿人钱财反而心安理得，脸不红、心不跳。佛教徒遇到大官会说“你是菩萨转世才有如此福报”，遇到小官会说“你前世为佛教出了力才有如此福报”，遇到有钱人会说“你前世为佛教捐了很多钱才有如此福报”，因此“你们这辈子继续学佛修行、为佛教出力、为佛教出钱，能获得无量的福报”）。

佛教盛行的结果，一定纲纪废弛、贪污腐败、民众困苦、政治昏聩！向外取经，是个好事，但就怕智慧不足取来的不是真经而是魔经。中华人每次信仰上的崇洋媚外、胡搅蛮缠都给自己带来了巨大的祸害。佛教让中华中毒两千年，祸害最深，若此久浸之首毒不能清除，新毒将不断地变幻着花样使华人背道而驰。

看看释迦牟尼佛还没死时身边护持佛法最得力的几位国王、王子的恶报！

中华的老祖宗仓颉遗传了一个字预示着一种不祥的到来，即是“佛”字。“佛”字由左边的“人”与右边的“弗”构成，“弗”是下葬时牵引棺柩入墓穴的大绳子，古时送葬者要执“弗”，这种不祥使“弗”的引申义为“不”，“丿丨”就象棺材，“弓”就象绳子，“弗”就象绳子捆着棺材，“佛”就是送葬的人。（按：“菩萨”音通“扑杀”、“捕杀”、“普杀”，“菩萨”普杀，“佛”送葬；“罗汉”，网罗汉族；“僧尼”，藏匕之尸曾是人；“大悲咒”使人悲哀不断；“寺”，寸土坟堆，音通“死”；“塔”是印度埋僧尼尸骨的石堆，对中国的风水特不吉利，比如“文昌塔”—“文昌塌”使中国人变蠢，信仰着各种外来邪教，中国人应建造宫、殿、亭、台、楼、阁等；佛教的经书塑像及各种物品充满着生不如死的死亡衰败信息，对国家、民族、家庭、个人的风水运气特不吉利。）

跟佛教惹上关系会引来衰败和病痛、死亡，看看释迦牟尼佛还没死时身边护持佛法最得力的几位国王、王子的恶报，例如：释迦牟尼佛之父亲净饭王死后不久被亡国灭族（亡的国是释迦牟尼佛的祖国迦毗罗卫国，灭的族是释迦牟尼佛的释迦族）；迦毗罗卫国的摩诃那摩王溺水而亡；摩竭陀国的频婆娑罗王被儿子阿阇世王篡位后杀害（饿死）；憍萨弥罗国的波斯匿王被儿子琉璃王篡位后逃亡病死他乡，最可笑、最讽刺的是波斯匿王被释迦牟尼佛传授了《仁王护国般若波罗蜜经》；祇陀太子被弟弟琉璃王杀死；

……诸君也可仔细从身边观察取证。难怪佛教徒身边经常发生不吉利的事，难怪佛教徒消极厌世、一心向往死后的事，恨不得所有的生命都死光去极乐净土去涅槃才称心如意，可以说佛教徒的人生观是生不如死。

《易经》曰：“天行健，君子以自强不息（乾卦）；地势坤，君子以厚德载物（坤卦）”，《易传·繫辞传》曰：“富有之谓大业，日新之谓盛德，生生之谓易……天地之大德曰生”，而佛教的“生存为苦，寂灭为乐；不事生产，出家绝种。贬低天地，贬低人类；否定人生，毁身供佛”等等邪恶风气与此中华文明风气大相径庭、背道而驰，大家想想，“佛”进入中国，中国会有好事吗?

事实上佛教进入中国后，中国的确开始倒霉了，而且佛事最热闹的时候就是将要倒大霉的时候。佛教让中国第一次倒霉是“楚王之狱”，第二次是“五胡十六国乱华”……陈撄宁在《辨〈楞严经〉十种仙》中写道：“所最不可解者，秦汉以前，佛教未入中国，唐虞三代之政治淳良，民情敦厚，远非后世所能及，而且版图一统，无河山破碎之羞。自佛教东来以后，将如此大乘高深之哲理，薰陶全国亿兆之人心，更应该功迈唐虞，德超三代。何故国步日益艰难，民俗日益浇薄，民生日益憔悴，民气日益衰颓，有五胡十六国之乱华，有南北朝之分裂，有后五代之割据，有辽金辱国之耻，有元清灭汉之痛，有列强侵略之虞？”

释迦牟尼佛在《金刚般若波罗蜜经》中对长老须菩提曰：“若人言如来有所说法，即为谤佛，不能解我所说故。须菩提！说法者，无法可说，是名说法”，可见释迦牟尼佛是懂得“道可道，非常道”的，但他开口外道、闭口外道地惟佛独尊、贬低芸芸众生，把自己当作是惟一的救世主，把佛经吹成是神圣不可批判的真理，把其它宗教视为低级外道，这些“惟我独真”的做法可谓是明知故犯。其信徒更是打着释迦牟尼佛这块招牌製造佛经製造佛教四处贬低其它宗教与学说，只准说佛话，否则就是外道邪说，对佛教批评两句便会下地狱，吹灭佛前一盏灯，来世便会缺口……大肆製造独裁、地狱和恐怖！《佛说三世因果经》曰：“今生缺口为何因，前世吹灭佛前灯。今生驼背为何因，前世耻笑拜佛人”，更厉害的“谤佛”恶报详见《妙法莲华经》《佛说谤佛经》《大智度论》《大乘方广总持经》《入大乘论》《遍摄一切研磨经》《大乘大集地藏十轮经》《入行论》等等佛经。

如今的中国人须要摆脱“谤佛”有恶报的威胁，才能进入理性思维的新天地。唐代名僧释吉藏《法华经游意》说佛教是“逼引之教”，佛教可谓极尽逼引之能事，用恶报、地狱威逼，逼人厌恶现世的一切，包括厌恶人的身体，用福报、极乐世界诱引，引人利欲熏心、利令智昏。

佛教徒应多听“外道”的话，勿被坐井观天、令人封闭、引人法执的“诸佛菩萨”和“高僧大德”们洗脑，佛教徒开口“诸佛菩萨”闭口“高僧大德”，岂不闻老子《道德经》“绝圣弃礼，民利百倍；绝仁弃义，民复孝慈”之警语（按：此处圣为礼为土，利为阳，仁为木，义为火，孝为阴，慈为水；此处未绝弃金，因为金能生水，但老子在此也未提倡金；老子在此教人回归水阳阴之道兎，阳、阴皆属于水，水即是道。）？

佛教大谈福德和功德破坏了中华人的纯真朴素、义不容辞之心，信佛增福、行善积德的论调使人心变得善有所图，须知“上德不德，是以有德；下德不失德，是以无德”（见《道德经》）。有人说宗教信仰能引人向善，其实信仰宗教后行善，这是为了善而善，大部分人在刚刚信教时会有此善有所图的热情，但时间久了还是善者自善、恶者自恶，况且宗教徒对不信者及异教易起嗔恨之心，所谓“地狱门中僧尼多”是也，此事须深思。

不要让自以为是的善心破坏了大自然的规律，自认为是好事，不一定就是好事，须知“正复为奇，善复为妖”、“祸兮福之所倚，福兮祸之所伏”，应当“观天之道，执天之行”、“人法地，地法天，天法道，道法自然”。（见《黄帝阴符经》和《道德经》。）追求善的宗教与学说若不懂以上的道理便会逆天而行成为善魔。恶魔可识，善魔难辨。善魔的毒害让人浑然不知，反而对其感恩戴德。“着魔中邪者”是很难摆脱其所信之教的，如何打破层层束缚？好心的人们切记：偏信则迷、兼听则明，跳出成见、见多识广便使妖邪无法作怪。

佛经骂不信佛的人，且贬低天、贬低地球、贬低人类并宣扬毁身供佛和自焚！

《地藏王菩萨本愿功德经》中释迦牟尼佛对地藏菩萨曰：“或有利根，闻即信受；或有善果，勤劝成就；或有暗钝，久化方归；或有业重，不生敬仰”，所以佛教徒认为信佛的人都是“利根善果”，从而对不信佛的人产生怪异的想法。殊不知许多人不信佛也是“大道”的运转变化过程（没有信佛这种魔缘），何必骂别人是“暗钝业重不生敬仰”的劣根呢？时常听到一些佛教徒对不信佛的配偶、家人、亲朋或其它宗教徒不满而背后议论他们是灵性很差、业障很重、恶道转世、必有恶报等等，佛教的“大慈大悲、救苦救难”已使人间有佛的地方夫妻不和、家庭不宁、人际关系失常……

佛的状态与众生的状态都是“大道”的运转变化过程，何必高佛下已？心为何如此不平？何必动不动就看不起天、看不起地、看不起人、看不起动物，只看得起佛呢？佛经中有大量贬低天、贬低地球、贬低人类的内容，释迦牟尼佛教导人厌恶诸天、厌恶人间世界，把人生之苦说得无以复加、恐怖无比，详见《地藏王菩萨本愿功德经》《五王经》《正法念经》《四分律》等等佛经（按：至今印度的恒河里仍然有无数的人畜腐尸）。《梵网经》

中释迦牟尼佛在四十八轻戒的第四十五条不化众生戒曰:“若佛子，常起大悲心，若入一切城邑舍宅，见一切众生，应当唱言:‘汝等众生，尽应受三皈十戒’，若见牛马猪羊一切畜生，应心念口言:‘汝是畜生，发菩提心。’而菩萨入一切处山林川野，皆使一切众生发菩提心，是菩萨若不发教化众生心者，犯轻垢罪。”由此可知:天下本无事，庸人自扰之，心不平的妖佛自扰之!

何必赞赏用人血写佛经的“刺血写经”行为呢?何必为了成佛而自残、自杀呢?何必用烧疤、灼顶、燃指、燃臂、燃身等自焚行为来供佛呢?佛教权威《妙法莲华经·药王菩萨本事品》中释迦牟尼佛歌颂药王菩萨燃身供佛曰:“光明遍照八十亿恒河沙世界，其中诸佛同时赞言:‘善哉!善哉!善男子，是真精进，是名真法供养如来(按:南朝梁、陈至隋代的释智顗声称自己读到此处，而得豁然大悟，寂而入定，见灵山一会，俨然未散，释迦牟尼佛仍坐法座之上宣讲《妙法莲华经》。这不仅骗取了他人的崇拜与供养而且致使许多信众因此去自焚)……善男子，是名第一之施，于诸施中最尊最上，以法供养诸如来故’”，此经中释迦牟尼佛并强调曰:“若有发心欲得阿耨多罗三藐三菩提者，能燃手指乃至足一指，供养佛塔，胜以国城妻子及三千大千国土山林河池诸珍宝物而供养者。”

《梵网经》中释迦牟尼佛在四十八轻戒的第十六条为利倒说戒曰:“若不烧身臂指供养诸佛，非出家菩萨。乃至饿虎狼狮子，一切饿鬼，悉应舍身肉手足而供养之”，在第廿六条独受利养戒曰:“若无物，应卖自身及男女身，割自身肉卖，供给所须，悉以与之”，(按:释迦牟尼佛及印度佛教不仅不宣扬吃素，甚至宣扬吃人，此即为证据。)

在第四十四条不供养经典戒曰:“剥皮为纸，刺血为墨，以髓为水，析骨为笔，书写佛戒（按：此即‘刺血写经’的由来）。”《大佛顶首楞严经·卷六》中释迦牟尼佛曰：“若我灭后，其有比丘发心决定修三摩提，能于如来形像之前，身燃一灯，烧一指节，及于身上爇一香炷。我说是人无始宿债，一时酬毕，长揖世间，永脱诸漏。虽未即明无上觉路，是人于法已决定心。若不为此舍身微因，纵成无为，必还生人，酬其宿债，如我马麦正等无异。”《本生经》中释迦牟尼佛大肆宣扬“抉眼与人、割肉喂鹰、投身饲虎、截头颅、捐髓脑”等等毁弃身体的行为。

由于释迦牟尼佛在《妙法莲华经》《梵网经》《大佛顶首楞严经》《本生经》等等佛经中对毁身供佛的赞赏推崇，因此无数的佛教徒狂热效仿自残、自焚、自杀，伤残死亡者不计其数。释迦牟尼佛身边的印度佛教徒的自杀情况详见《四分律》等佛经，《四分律》中记载诸比丘（和尚）于婆求园在释迦牟尼佛的指导下修不净观致使极端厌恶生活（按：不净观教人观想身体及人世间秽恶不净，使人厌恶身体、厌恶人类、厌恶地球），或用刀自杀，或服毒药，或互相杀害，有六十个比丘请求名叫鹿杖梵志的婆罗门外道将自己杀死，有人称赞外道说：“很好很好，你得大福了！既度脱沙门，又得到他们的财物”，阿难等大弟子熟视无睹，号称无限神通的释迦牟尼佛却不知身边发生的事情，半个月后升座讲戒法时发现人数大减，问阿难得知情况后才赶紧纠正错误，改令还未自杀的诸比丘修特胜观（数息观），由此可见佛教一开始就是个邪教！

中国佛教徒的自残、自焚、自杀详见南朝梁代释慧皎撰的《高僧传·卷第十二（亡身诵经）·亡身第六》、唐代释道宣所撰的《续高僧传·卷第二十七·遗身篇第七》、唐代蓝谷沙门释惠详撰的《弘赞法华传·卷第五·遗身第五》、唐代韩愈撰的《论佛骨表》（《谏迎佛骨表》）、宋代释赞宁等撰的《宋高僧传·

卷第二十三·遗身篇第七》等文章。

再如：近代有八指头陀释敬安剜肉燃指燃身供佛、释虚云燃指供佛、释弘一刺血写经，当代有释本焕燃臂供佛并刺血写经、释明乘燃指供佛并刺血写经等等。释宣化在《妙法莲华经浅释》中曰：“焚身供佛的精神，真是伟大之至！后人效法者很多。近年来高僧焚指供佛也不少，如虚云老和尚，曾经燃指供佛，大病不药而愈。余（按：指释宣化）作偈曰：‘显亲宗亮大慈仁（按：显亲指宁波阿育王寺的首座僧释显亲，宗亮指宁波阿育王寺的監院僧释宗亮），助人燃指发道心，夙愿克遂真快乐，本怀已畅喜雍容。’”可以说佛教的历史就是一部自虐史，更是一部自残、自焚、自杀的毁身供佛史。佛教毁身供佛的自残、自焚、自杀行为符合邪教的第二大特征“弃实求虚”，佛教是邪教，确无疑也！

佛经中释迦牟尼佛讲经说法时开口供养闭口供养，就像没吃过饭的贪婪饿鬼，到处骗吃、骗喝、骗香华珠宝、骗精舍房子等等！

佛经要人供养这个佛供养那个经，请问人需要的东西佛和经书也需要吗？何必自尊自大地借佛敛财收取供养呢？何必做社会的“寄生虫”靠接受布施生活呢？鼓吹布施致富是何用意？不知劳动才是致富的根源吗？鼓吹布施致福是何用意？不知“与道合真”才能生出“福炁”吗？

《一切如来心秘密全身舍利宝箧印陀罗尼经》大意如下：有信士名叫无垢妙光，很有钱很有福气，人所乐见，给释迦牟尼佛送香送衣送饰物行礼下跪，并请佛菩萨们上家里吃饭，佛默然许之，信士从晚上准备到早上，一家老小持众香华、吹吹打打来接佛，佛遍告大众，大家都应去接受供养，因为可让信士获大利，信士与家人及天龙八部、释梵四王先行开道，路上佛又围着个破塔坟堆先哭后笑地演戏，从地上吹到天上，并编了个胡言乱语的咒让人念写，地球上的无数众生都可消灾灭罪获福成佛了，吃完饭后，全宇宙的众生都获大福利了。

佛经中释迦牟尼佛讲经说法时开口供养闭口供养，就像没吃过饭的贪婪饿鬼，到处骗吃、骗喝、骗香华珠宝、骗精舍房子等等！要知道僧尼们的利益与释迦牟尼佛的权威是一体的，若揭穿了佛，僧尼们就没供养吃了（按：各种吃供养的邪教徒与他们的教主之间的利害关系都是如此）。佛教徒最爱宣称自己是某某佛菩萨下凡度人或自己在天上如何如何等等以获取别人的崇拜与供养，大家若遇到此类人，可对他说："我是'水帝'下凡，是'水帝'生出了你这个佛菩萨。"佛教徒最迷信观音菩萨显灵，我们若编一本《观音菩萨不灵纪錄》将比《观音菩萨显灵纪錄》厚无数倍，供养着观音菩萨而倒霉的个人、家庭和公司比比皆是，可是话又说回来，释迦牟尼佛凭空捏造的观音菩萨被精灵鬼魅特别是佛教徒死后的灵魂或"水帝"赋予了生命，此中的原理在后文"若论及宗教信仰的原理"中叙述。

中国佛教徒极其崇洋媚外，唐代名僧释义净在《南海寄归内法传》中记载：

阳阴男女同出而異名，何必重男轻女呢？（按：佛经中有大量贬低女性的内容，详见《涅槃经》《诃欲经》《药师如来本愿经》《宝积经》《金光明经》《白莲花经》《阿含口解十二因缘经》《正法念处经·卷十六》《净心诫观法·卷上》《大智度论·卷十四》《诸法集要经·卷四》《妙法莲华经·药王菩萨本事品》等等。）人天生有情欲，若不懂精与神合化为炁（按：详见《真武仙法》），何必出家而孤男寡女呢？（按：陈撄宁在《答苏州张道初君十五问》中写道："中国古昔无出家之说，凡脩仙学道之人，都是有眷属同居。自从佛教传到中国以后，才有出家制度，于是男子出家叫作'和尚'，女子出家叫作'尼姑'，其本意原想脱离家庭之苦恼，而求得身心之清静，孰料‘一著袈裟事更多’，其苦恼依旧不能减少。

道教全真派，即是模仿佛教而作，是后起的，不是古法。古法修炼，皆是夫妇二人同心合意，断絕俗情，双脩双证，与孤阴寡阳的制度大相悬殊。刘纲、樊云翹二位，乃夫妇双脩中最负盛名者。至于北七真中，如马丹阳、孙不二两位，名望亦隆”，陈撄宁在《〈黄庭经〉讲义》中写道：“神仙眷属，迥異尘凡，非常情所能测也”，可见出家大異古道古仙风范。佛教此歪风邪气一旦蔓延，不仅增加社会负担，而且有亡国绝种之忧。）人天生有头髮自有其用，何必光头光脑呢？（按：虔诚的佛教徒还会在头顶毁损头皮髮根烧灼出戒疤，殊不知头髮有保护、辟邪的作用，可使人不易受精灵鬼魅佛菩萨等邪灵的控制或附体，详见后文“若论及宗教信仰的原理”。）不要祖宗的姓而跟释迦牟尼佛姓释，何必如此势利见佛忘祖呢？做人的道理都不懂！

（按：陈撄宁在《铁海道友，招饮沪西紫阳宫，并劝移居彼处，愧无以报命，作此奉赠》中写道：“佛教方外，废除本姓，以“释”为姓，表示与祖宗、父母、兄弟、妻子断绝关系；而道教方外，仍用自已姓氏，不忘本、不背亲、不绝伦常。此即中国古教与印度传来的佛教不同之处。”佛教徒跟释迦牟尼佛姓释，这从华人的子嗣过继来讲，他们的肉体已不是中国人了；他们的灵魂也被外来病毒侵蚀和武装。这些内奸的破坏力远远超过汉奸，因为汉奸必竟还是中国人。中国佛教徒极其崇洋媚外，曾仿照印度佛教徒吃粪便治病，唐代名僧释义净在《南海寄归内法传》中记载：“病发即服大便小便，疾起便用猪粪猫粪，或堈盛瓮贮，号曰龙汤，虽加美名，秽恶斯极。”遍观信仰着外来邪教的华人，他们的信仰与中华文明相冲突，在他们的心目中，中华的祖宗和文化皆摆在次等地位，他们吃里扒外、胳膊肘向外拐，更何况他们掌握政权时……）

大量证据证明，佛教“入家则破家，入国则破国”，也可谓“入族则灭族”！

为何佛经吹得满天神佛，却不知晓伏羲、广成子、黄帝、姜太公、管子、老子、关尹子、列子、庄子、鬼谷子、张道陵、吕纯阳、妈祖、张三丰、摩西、耶稣、穆罕默德、把佛教赶出印度的商羯罗等出名人物？为何喜欢吹些无从考证的人物和事物？为何把地球上吹得只有过去燃灯佛、现在释迦牟尼佛、未来弥勒佛是个人物？佛教中释迦牟尼佛身边的大迦叶、阿难陀、罗睺罗、目犍连等实有其人，其余如观音菩萨、文殊菩萨、普贤菩萨、地藏菩萨、大势至菩萨、阿弥陀佛、药师佛、弥勒佛等等都是凭空捏造的。（按：商羯罗把佛教赶出印度，使印度避免了被佛教弱种亡国，否则印度人早已全部成为“阿拉伯人”。古代中国西域的佛教地区都被灭成伊斯兰教地区了。）

尊佛教为国教之清朝篡改抹黑尊崇道教崇尚科学之明朝的历史，掩埋自己不入流的残暴、贫穷、愚昧史，胡编乱造自己的太平盛世史，粉饰自己的侵略行为，大兴文字狱打击汉族文化、扭曲汉族文明，为汉奸歌功颂德，将华人丑化成光头小辫、旗袍马褂成为佛爷的奴才（按：元朝强迫汉人改穿蒙古服装，将汉人划为低等民族，朱元璋“驱除胡虏，恢复中华”建立明朝后特别于洪武元年诏“衣冠如唐制”。汉族对少数民族一视同仁，但少数民族当权便防范、禁锢、低等、弱化其它民族），清朝末年，死气沉沉、毫无生机的中国佛民致使不了解中国历史的美国人认为中国人的人种有问题。试观历史上各国家、地区、民族、家庭一旦信佛后，都会走向衰败（按：应当杜绝政府、军队有信佛的政要、公务员、军官、士兵……

日本侵华进攻南京时，主动出任首都卫戍司令长官的“和尚将军”唐生智及其“佛家军”，先则力主死守，声称要与首都共存亡，下令封锁南京通往江北的道路，销毁渡船，使得大量平民不能撤离；后则在未组织任何撤退的情况下，下达弃城命令，自己乘保留的汽艇逃跑，守军失去指挥、军心动摇，第二天南京陷落，随后发生了惨绝人寰的南京大屠杀。此后，唐生智在湖南闲居，研究佛学，佛经会告诉他，这一切都是“因果报应”……）。大家若能看懂《易经》《黄帝经》《太公书》《管子》《老子》《庄子》等中华经典，便能发现佛教的理论和形式还有更多的问题。

佛教的各种权威理论都被驳倒了！应当思考：

一、佛教的“涅槃理论”站不住脚了！佛教宣扬成了佛便永恒自在万事大吉了，殊不知成佛并不是如此。假如佛是摆脱六道轮回的永恒的“常”，那么佛性就不会出现在芸芸众生的身上。仅此一点，足以证明佛教的荒谬以及佛教理论的自相矛盾。

每尊佛只不过是“大道”的局部能量而已，“大道”不停地无中生有、有又还无地运转，周而复始地变化才是永恒。生久必佛、佛久必生，“反者道之动”，众生最后都会随大势成佛归无，此乃有又还无，接着“物极则反”，“大道”又开始无中生有地“道生一，一生二，二生三，三生万物”。

二、佛教的“《金刚经》理论”站不住脚了！佛教只知“一切有为法，如梦幻泡影，如露亦如电，应作如是观”，殊不知“一切无为法，也不能长久，无中必生有，应作如是观”；佛教只知“凡所有相，皆是虚妄。若见诸相非相，则见如来”，殊不知“凡所无相，也是虚妄。若见无相非无，则明‘大道’”。

三、佛教只知色是无常，殊不知空也是无常，佛教错误地宣扬空是绝对的常；宣扬“色不異空，空不異色，色即是空，空即是色”、“不生不灭，不垢不净，不增不减”很糊涂，殊不知色不是空，色和空彼生此灭、彼增此减，彼此相互转化；知空难，知色也难，知色与空、色与色的运转变化更难。

四、宣扬“五蕴皆空”、“诸法空相”、“空中无色”、“四大皆空”很糊涂，岂不知色与空都是“大道”的示现吗？岂不知色与空一样也是“大道”的运转变化过程吗？何必崇空贬色？何必认色作空？如此不踏实的主观惟空心态真是让人糊涂颠倒，让人不知“大道”就在现实的色态之中，让人“弃实求虚”、不务正业。

五、佛教不知空是相对的常，更不知色也可相对的常，例如钻石。佛教只知万物众生共同的佛性珍贵，殊不知不同的个性也珍贵，此两者互为体用。

（三、四、五使佛教的“《心经》理论”站不住脚了！其实未能认清宇宙本源是水的宗教都是在胡吹，都是在自欺欺人！须知我们的宇宙之外被茫茫一片的水包裹着，老子称其为“有物混成，先天地生”，详见前文“若论及宇宙最高神”。）

六、佛教的“因果报应理论”站不住脚了！违反天意的善心善行会惹来恶报以及“福祸相依”（《道德经》言“祸兮福之所倚，福兮祸之所伏”）、“反者道之动”、“物极则反”、“命由天定”（按：“变数”也是被“定数”在控制，一切都是天意，但道士善于把握“变数”，始知我命不由天”的气概）的种种道理令佛教的“因果报应理论”站得住脚吗？

佛教迷信因果，不懂有法自有破法、一法降一法的道理，好比有包就有剪、有剪就有锤、有锤就有包，一物降一物。佛教动不动就谈因果说福祸，殊不知很多现象与人类自认为的因果福祸并无关系，主要是星球、星宿的气场影响着人类自认为的“善恶福祸”。

七、佛教只知天道、阿修罗道、人道、畜生道、饿鬼道、地狱道六道轮回，殊不知有无数道轮回，殊不知每个人的灵魂还可在植物、无机物中转世，还可分成数个灵魂分别转世，殊不知数个灵魂还可聚成一个灵魂转世。

八、岂有佛在六道轮回之外不轮回的道理，殊不知有世界就有世界与涅槃互转之轮回、有色就有色与空互转之轮回、有众生就有众生与佛互转之轮回。

九、佛教鄙视“六道轮回”中的人类和动物，认为皆是前世作孽、不修佛法的低级生命，佛教完全不懂万物众生“素位而行”、“各行其道”和《庄子 · 秋水》中“子非鱼，安知鱼之乐”的道理。况且佛教宣扬的“六道轮回”与佛教宣扬的“众生平等”自相矛盾。（七、八、九使佛教的“六道轮回理论”站不住脚了！）

十、基础理论错误的佛教不仅误了人的生前，而且其对死后灵魂世界的描述不客观真实，又误了人的死后。陈撄宁在《孙不二女功内丹次第诗注》中写道：“佛教徒之习气，每谓惟佛独尊，余皆鄙视，教外诸书，概行排斥”，这不仅是佛教徒也是其它邪教徒基于“惟我独真”的普遍性格。

一个智商正常的人只要跳出对权威的迷信，跳出脑中的成见，都可找出释迦牟尼佛自认为“惟我独真”之“三法印、八圣道、四圣谛、十二因缘”理论的局限性及错误所在。“三法印理论”站不住脚了：“大道”不停地无中生有、有又还无地周而复始运转变化，此即为常，岂能说“诸行无常”；“道炁”在宇宙则称其为“无极”，在人体心胸中则称其为“太极”，岂能说“诸法无我”（若当真“诸法无我”，请问：佛教徒还有佛性吗？还能成佛吗？）；涅槃与器世间彼生此灭、彼增此减，彼此相互转化，岂能说“涅槃寂静”？

“八圣道”是正见、正思维、正语、正业、正命、正精进、正念、正定，须知人人都认为自己正确，老子《道德经》一句“以正治国，以奇用兵”即可令“八圣道理论”站不住脚了！“四圣谛、十二因缘”理论可谓是“以生存为苦，以寂灭为乐”，恨不得地球上没有人类、没有动物，其只是在头脑意念思维及身体感受中琢磨来琢磨去，把超凡入圣的原理及方法越搞越复杂、越搞越离谱，完全不懂人体是个小宇宙，完全不懂“道炁”、“阳神”、“阴精”及其原理！为什么此些理论竟可迷惑这么多人，原因在于他们不明白“道可道，非常道”而被洗脑。如果大家都明白“道可道，非常道”，那些“惟我独真”的理论与宗教便无法作怪，邪教便无法滋生。大家切勿被释迦牟尼佛及佛教宣扬的只有通过信佛才能达到最高境界所哄骗！

成佛之人到头来生老病死与常人无异，成佛与成仙本是截然两事，不可混为一谈！（普通人的胆结石、肾结石、尿结石等等中都可含有舍利）

中华神州的正史和野史记载的得道者和神仙多得不可胜数，还有那些没留姓名的得道者和神仙更是不计其数，他们不造神不神吹，因为“大道”平实，可是一般人都容易被吹大牛皮、惟我独尊者唬着。还未“得道”的“见道”本来是个很简单的事，却被释迦牟尼佛称名为“成佛”，吹得天花乱坠、佛比天大，搞得神乎其神、惟佛独尊。殊不知个体无论有多高的境界，相对于大道，只是沧海一粟。大家勿被佛教搞得脱离实际、想入非非！

中华的仓颉遗传了一个字能证明成佛的境界，即是“性”字。“性”字由竖“心”旁加一个“生”字构成，表明“心”已“生”发变动了，不是本“心”了，从“心”变成“性”了。追求“心”追求“本源”的佛教认“性”作“心”作“佛”，还自吹自擂地藐视中华祖宗、贬低他人，殊不知已被中华祖宗用“性”字敲脑袋了。“性”是什么？头脑意念是也。现注明：炁即道即心即道炁即混沌即元炁即丹即息，是人之本源，主要位于人体心胸中（中丹田），可于怒慈悦乐爱悲恐之处（膻中）体会；神即阳即意即阳神即元阳即元神即性即呼，是炁之子，主要位于人体头脑中（上丹田），可于念头起处体会；精即阴即身形即阴精即元阴即元精即命即吸，是炁之女，主要位于人体下腹中（下丹田），可于情欲动处体会；呼炁生神，吸炁生精，呼与吸相合成息即为炁（道炁），神与精相合会合化成炁（道炁）（详见前文"若论及宇宙最高神"和《真武仙法》）

何为舍利？释迦牟尼佛虽然未"与道合真"（得道）但是时不时见到了眼前的"道珠"，其后天浑浊的"阳神"自然比普通人有觉悟，时而有丰富的想象，时而又能凝神入定，虽然释迦牟尼佛不懂"道炁"、"阳神"、"阴精"的原理，还未进入他们三者的大门，但其身内浑浊的"阴精"在"道珠"的照耀下，在"阳神"的凝定下，在戒女色的情况下，自然也与众不同，不仅未耗散掉而且在身内各处与身体其它物质凝结在一起，此便是舍利，浑浊的"阴精"是舍利的重要成份。舍利是释迦牟尼佛功夫不到家的证据，证明了释迦牟尼佛的修炼只是针对头部的"阳神"，且误认"阳神"作为本源，不知真正的本源"道炁"（"心"）为何物，更不知"阴精"为何物。佛教至今还在利用舍利（甚至普通的骨头和结石）製造迷信的崇拜活动，殊不知普通人的胆结石、肾结石、尿结石等等中都可含有舍利。佛教徒对"道炁"、"阳神"、"阴精"的门都未摸着，却无知地嫉骂成仙的功夫，大谈自己心性如何高明，死后如何自在，他们的思想如此狭隘且不切实际，致使其行为极端、怪異、消极厌世。佛教之所以具备邪教三大特征，释迦牟尼佛是始作俑者，这是他修炼境界的局限性和有限的智慧造成的，自以为是的善心造成了恶果。释迦牟尼佛被印度人看作是诱导人误入歧途、引导人自我毁灭的负面人物。佛教被印度的明白人赶出了印度，从而其在世界各地变異地发展传播。

佛、菩萨、罗汉们未能"与道合真"（得道），"阳神"生出的智慧有限；佛、菩萨、罗汉们未能“神形俱妙”（成仙），不仅“阳神”不能神通广大而且“阴精”主宰的肉体功夫欠缺。例如：

一、释迦牟尼成佛之前不懂辟谷从而饿得皮包骨，忍不住吃牧羊女供养的羊奶，就是其成佛后也不能辟谷，又是要吃饭又是要喝水的，在吃了金银匠淳陀供养的菌类旃檀茸后肚子不舒服，而且释迦牟尼佛还常常有其它病痛（按：释迦牟尼佛不能识别菌类旃檀茸有毒是智慧不足，吃后肚子不舒服是肉体功夫欠缺。大家勿迷信释迦牟尼佛不着边际的神吹，应当于实实在在的地方思考释迦牟尼佛的真实境界）；

二、琉璃王攻打迦毗罗卫城时，释迦牟尼佛不仅无法破解迦毗罗卫城居民过去世吃鱼的果报，也无法破解自己过去世敲打鱼头的因果定业而遭头痛三日之报；

三、号称神通第一的目犍连尊者敌不过过去世中捕鱼为业的因果定业被乱石打成肉酱；

四、又病又老的释迦牟尼佛吃了不合适的食物致使病疮（癌症）扩散，未断气前被外界点火自焚而涅槃死亡（按：佛经宣称释迦牟尼佛是自己发功自焚，但他连自己的病都治不好，如何有功力发功自焚？此自焚之说恰恰证明了他是在未断气前被外界点火自焚）；

五、危脆衰老的二祖阿难坐在船上自焚而亡，三祖商那和修自焚而亡，五祖提多迦自焚而亡，六祖弥遮迦自焚而亡，十祖胁自焚而亡，十三祖迦毗摩罗自焚而亡，十八祖伽耶舍多自焚而亡，二十五祖婆舍斯多自焚而亡，二十六祖不如密多自焚而亡，二十七祖般若多罗自焚而亡；

六、二十四祖师子被人杀害；

七、二十八祖菩提达磨被人毒死；

八、二十九祖释慧可被人杀害（按：佛教徒鄙视身体，菩提达磨和释慧可曾上演断臂求法的惨剧）；

九、三十祖释僧璨于法会大树下合掌立终；

十、三十一祖释道信的肉身被涂抹密封保存；

十一、三十二祖释弘忍的肉身被涂抹密封保存；

十二、三十三祖释惠能的肉身被涂抹密封保存。

（按：释惠能的肉身保存在广东韶关南华禅寺，涂抹密封层里面的肉身已枯烂。“见道”之人的肉身受“道珠”时常影响，若在死前禁食、禁水、清肠胃就能死后暂时肉身不腐，若对肉身进行涂抹密封处理就能长期保存。

若是“与道合真”之士的真身则不须如此保存都能长久肌肤柔软、面貌如生。供奉于江西武宁县太平山佑圣宫的南宋年间的水帝化身章哲祖师之真身“双目炯炯，面貌如生”）。

诸如此类，举不胜举，未及详述，可参阅《五灯会元》等书（按：《五灯会元》等书中的“打机锋”、“看话头”把些人骗得云里雾里，认为禅师们、僧尼们高深莫测，自己根基浅薄看不懂，殊不知是遇到了中了邪的、胡言乱语的、且懂得骗取供养的“精神病人”）。

苯教由于被藏王压制等原因隐埋在佛教密宗的门面之下，苯教与佛教密宗互相吸收融合，形成了藏传佛教。藏传佛教便根源于如此种种情况。还源于早先从印度、尼泊尔、西域等地方传入西藏的佛教以及源于从内地传入西藏的佛教。当然还源于文成公主、金城公主以及前前后后的大批道士将道教功法理论传入西藏和西藏同胞入内地学道学仙，藏传佛教所用的“阴阳轮”，即是道教的“太极图”。

海南岛的玉蟾宫道观是道教南宗派白玉蟾祖师宗坛，道历华胥纪元六五〇三年（西元2006年）在玉蟾宫道观的落成典礼开光法会上，有上百位来自海内外的藏传佛教活佛上师前来追本溯源、朝拜认祖（按：白玉蟾真人是道教南宗派的“南五祖”之一。“南五祖”之一的薛道光真人曾经是所谓“开悟”的佛教禅师，“顿悟”证得“无上圆明真实佛法”，其遇到“南五祖”之一的石杏林真人才得遇真传，从而弃佛从道、改邪归正）。

然而当年的道教功法已被佛教搞得面目全非，离“与道合真”（得道）以及“以‘与道合真’为基础，炼得‘阳神’充盈至纯并且彻底地变化‘阴精’主宰的身形，从而神通广大、返老还童、长生不老、散为炁、聚成形、亿万分身、隐显莫测、畅游宇宙、逍遥于‘大道’，即是‘神形俱妙’即是成仙”的境界相差太远。

藏传佛教的乐空双运已失道教男女双修丹法的真传，否则西藏最起码应当出现面如童子、长生不老的高龄喇嘛，而不是出现死后投胎转世的活佛轮回不断地寄生吸食在人民身上。修炼乐空双运不仅害人而且害己，看看那些修炼乐空双运而提前衰老的活佛和上师便知。活佛使西藏同胞深受愚弄，藏传佛教使僧贵民贱、僧富民穷、僧逸民劳，使西藏同胞倍受农奴制的迫害。藏传佛教的修炼方法传自道教，但其消极厌世、生不如死等人生观、世界观则来自佛教。明白于此，便知藏传佛教是怎么回事。（按：易筋经这种功夫来自道教却被搞成佛教达摩易筋经一事现也已真相大白。）

佛菩萨们不能够像神仙一样辟穀食炁，反而人间的好东西（国城妻子及三千大千国土山林河池诸珍宝物）他们都想要，要我们供养着他们，甚至要我们自残、自焚、自杀来毁身供佛（详见《妙法莲华经》《梵网经》《大佛顶首楞严经》《本生经》等等佛经），这真是既谋色又谋财害命。佛教已使西藏贫困落后。

“道”是无限的，经文和宗教是有限的，有限的教条不能表达无限的“大道”，“惟我独真”是狭隘且不懂“道”的。不执着于经文和宗教、不坐井观天、不故步自封，便知量大道大、法无定法，博取众长、融会贯通会使人对“道”知道得更多。要忠一于“道”，而不是忠一于某个宗教，因为宗教并不是“道”本身，如果只习惯自己的宗教方式而讨厌别人的宗教方式，心中形成成见便与“道炁”有了隔阂。

要懂得《道德经》的“名可名，非常名”，便不会被名称迷惑而不看本质。宗教一般具有排他性，一个偏激极端的理论必然产生邪异化的结果。“惟我独真”不仅局限人的思维和智慧而且破坏人类的团结，甚至引起宗教冲突与战争。

邪教反人类（也包括低等和限制女性等）、反地球，或是为了追求理想和真理不惜践踏现实生命，甚至以自残、自杀、杀人等极端方式达到目的，或是杀人于无形之中，消极厌世大搞去极乐世界、涅槃等天堂的移民（按：极乐世界这个名称取得不懂道教之“乐兮悲之所伏”与“乐极生悲”的道理，极乐世界、涅槃等天堂的情况详见后文“若论及宗教信仰的原理”），愚昧地认为人的生命是罪恶和痛苦的，肉体是臭皮囊，地球是污浊世界。他们不懂《道德经》的“道大，天大，地大，人亦大。域中有四大，而人居其一焉”，人是四大之一，何罪之有？珍爱生命珍爱地球即是“敬天爱道”。他们也不懂“大道”不停地无中生有、有又还无地周而复始运转变化，做人久了必回归“大道”。

宣扬人类世界时间不多、快毁灭了，今人不如古人、人的心灵不如从前了，并以此来恐吓人们，使人信教避灾。认为人类世界时间不多、快毁灭的人若能看懂唐朝李淳风和袁天罡两位道士的预言书《推背图》与明朝刘伯温道士的预言书《烧饼歌》，便会明白人类的好日子还长着呢！我们仔细想想，古时的民主和科技化进程艰辛，而现代人类的文明程度令古人望尘莫及，认为今人不如古人、人的心灵不如从前以及认为现代人都是劣根的人应该摸摸脑袋反省了。须懂得道法自然，纵然有末世也是“大道”的运转变化过程，何必因此大惊小怪、恐吓人心？殊不知将要来临的是独裁之政权的末世，是独裁之宗教的末世，人类即将迎来神仙时代，一切将变得更好。

宗教信仰的原理（人死后灵魂的真实去向）—观音菩萨是虚构的且信众普遍，精灵鬼魅最喜欢扮成观音菩萨以夺人炁神精，精灵鬼魅的体光多是暗白色，所以白衣大士来也！

华胥履跡通神于华胥国；伏羲女娲补天画卦演《易经》，泄露上天（天机）、修补上天；神农尝百草，从雨师赤松子游，服食水玉，成仙飞升而去；黄帝神游仙境华胥国，示人神形俱妙、骑龙升天；姜太公役使鬼神；老子不迷信鬼神，阐明人与上天平等，按道的规律生活即可；庄子教人享受天人合一、自在逍遥；张道陵教人降服鬼神。人体这一团水本来清清纯纯，却被邪教输入各种信息程序弄得神神鬼鬼，致使思想奇奇怪怪，对神秘力量低三下四。须知人是上天的局部能量，不是神秘力量的奴隶。未能认清宇宙本源的宗教都是在胡吹，都是在自欺欺人！须知我们的宇宙之外被茫茫一片的水包裹着，老子称其为“有物混成，先天地生”。

免责声明：

本章中引用了一些网上没有出处的观点，并非是本书《爱华思想和文化》的重点，在后面“爱华”思想和文化章节中不会再提及。

第九章　基督教的优缺点以及局限性

（从古至今有很多关于基督教的优缺点以及局限性分析，摘选一些略作修改。）

基督教是对奉耶稣基督为救世主的各教派统称，亦称基督宗教。公元1世纪，发源于罗马的巴勒斯坦省（今日的以色列、巴勒斯坦和约旦地区）。它建立的根基是耶稣基督的诞生、传道、死亡与复活。基督教主要包括：天主教、正教、新教三大教派和其他一些较小教派。在中国，因为历史翻译的原因，通常把新教称为基督教，为了说明“基督教”的确切概念，本词条称“新教”为“基督新教”，而不是惯称的“基督教”。

基督教信仰以耶稣基督为中心，以圣经为蓝本，核心思想是福音，即上帝耶稣基督的救恩，充分彰显了上帝对全人类和整个宇宙舍己无私的大爱。神爱世人，甚至将他的独生子（耶稣基督）赐给他们，叫一切信他的，不至灭亡，反得永生。

基督教与佛教、伊斯兰教并称三大宗教。但是，基督教无论从规模，还是从影响方面，都堪称世界第一大宗教。基督教在人类发展史上一直有着极为重要且不可替代的关键作用和深远影响。至今主要发达国家，除了日本，都是基督教文化主导的国家。尤其在欧洲、美洲、非洲、亚洲、大洋洲的广泛地区，无论是政治、经济、科学、教育、文化和艺术，基督教塑造了人类文明的方方面面。中国也是20世纪除了南美、非洲、亚洲的韩国等地，基督徒人数增长最快的地区之一。

公元1世纪，基督教为犹太的拿撒勒人耶稣在今日的以色列、巴勒斯坦和约旦地区所创立，继承了犹太教的《圣经》和许多文化传统，信仰上帝（天主）创造并主宰世界。它认为人类从始祖起就因不遵守上帝的律法而犯了罪，并在罪中悲苦受死，只有信仰三位一体的上帝，借助耶稣基督，才能获救。耶稣降生并牺牲自己，救赎人类，标志着上帝与人类重立新约，带来上帝救世的福音，宣告旧约时代的结束。耶稣在宣道过程中招收12个使徒，以十字架上的牺牲，为世人赎罪。耶稣死后3天复活，复活后第40天升天，于第50天差遣圣灵降临，开启了持续到今日的辉煌与发展。

基督教信仰的表述是以《圣经》为核心蓝本，以历代使徒、教会、公会等形成的信仰文件为载体，内容非常丰富。其中《使徒信经》被历代教会和神学家公认为最可钦佩、最为可靠的摘要。如基督教（新教）版《使徒信经》所言：

“我信上帝全能的父，创造天地的主，我信我主耶稣基督，上帝的独生子。因圣灵感孕由童贞女马利亚所生，在本丢彼拉多手下受难，被钉在十字架上，受死，埋葬，降在阴间，第三天从死里中复活，升天，坐在全能父上帝的右边，将来必从那里降临，审判活人死人。我信圣灵，我信圣而大公之教会，我信圣徒相通，我信罪得赦免，我信身体复活，我信永生。阿门！”

圣子基督耶稣是三位一体中第二位，他在万世以先，为父所生“万物都借着他受造”，是全人类的救赎主。我们都是因他的缘故靠恩典被收纳为上帝的儿女。耶稣基督的本源是出于上帝，而不是人，他是为成全天父上帝拯救世人的旨意，由圣灵感应，童真女马利亚而取了肉身，成为世人。即所谓“道成肉身”。上帝是基督教信奉的最高唯一真神，是宇宙万物的创造者，并主宰着世界。上帝只有一个，但包含圣父、圣子、圣灵（圣神）三个位格，同为一个独一真神，完全同具一个本体。圣父也称天父上帝，是全知、全能、全爱的主，自在、永在的神，也是忌邪的上帝。基督教坚信独一的真神，反对偶像崇拜。把认识上帝、荣耀上帝，作为人生的首要目的。

基督徒的核心信念在于：上帝在耶稣之肉身中临到人类的感性世界，而耶稣关于上帝的本质以及人类存在的可能性之问题的宣告，则使其历史生命成为人们信奉的圭臬。这也是基督教的核心启示之一。作为完全的神上帝，也是完全的人。他的一生是完美无缺的模范。没有罪性，没有过犯，因对世人的大爱，完全顺服上帝的旨意，承受莫须有的罪名，在当时的统治者本丢彼拉多手下受难，被钉在十字架上，受死，埋葬，降在阴间。基督教相信十字架彰显了上帝的大爱和救恩。

耶稣在被埋葬的第三天从死里复活，可以说没有耶稣基督的死里复活，就没有基督教。复活后的耶稣在40天之久向门徒们显现，讲述上帝国度的事物，后来升天坐在全能父上帝的右边。

基督徒相信并盼望耶稣再来，也就是世界的末日的审判与新天新地的降临。基督教相信上帝一直呵护，领导着人类历史的进程，他的审判随时都在进行，只是在历史结束的时候达到高峰。基督徒要衷心坚守上帝的律法和旨意，完成上帝所交托的传播福音，治理全地的使命。

基督教相信圣灵，认为圣灵是赐生命的主，从父与子而出，与父和子同受敬拜，同受尊荣。相信被圣灵所赐的新生命，并能因此获得重生。重生也体现在父上帝的拣选，子基督的救赎，圣灵的更新。

基督教不仅关注个人的拯救，更关注群体的发展，基督徒个人是不能与上帝建立完美的关系，只有在爱人如己中才能成全爱神的诫命。

基督徒的成长离不开教会，教会被称为是一切敬诚之人共同的母亲，是神圣而圣洁的，也是公义而普世的。教会并不限于某一个地方，而是遍布全球，教会因对上帝及其真道的认信，联合一致。

基督徒相信自己都是基督的肢体，都因基督的宝血和福音，在基督里追求成圣的人。上帝因基督救赎的缘故，不再记着人类的罪，而是仁慈的将基督的义分享给人类，将人类永远不被定罪。基督徒也相信，在死后不仅灵魂立刻被带到基督那里，我们的身体也要因基督的全能活过来，再与灵魂联合，并与基督荣耀的身体相似。基督徒相信被圣灵充满的人，他的身体称为圣灵的殿堂，不再顺服肉体的私欲。

基督徒相信在基督里没有死亡，只有永恒的快乐。永生就是蒙上帝拣选和保守永远在主耶稣里。是上帝的恩赐，是因着上帝的拣选和预定，耶稣基督的救赎从圣灵里得到新的生命。

基督教认为当自己相信这一切的时候，自己就在上帝面前，在基督里称义，并且承受永生。但这本身并不是因为自己的努力，而是因为上帝白白的恩典。

基督教将其信仰的全部真理和核心归纳为爱上帝（你要尽

心，尽性，尽意，尽力爱主—你的神）和爱人如已（不可报仇，也不可埋怨你本国的子民，却要爱人如已）这一最根本准则，视爱之律法为最大的律法。彼此相爱也成为新约圣经中的核心命令，并认为这种灵性真爱和神圣集中体现在基督耶稣身上，因此也被称为爱的宗教。

一、基督教的优缺点

基督教的优点：

1. 喜乐，并把喜乐带给他人

你们在主内应当常常喜乐，我再说：你们应当喜乐！(斐4：4)

我们的喜乐来自天主，天主也要求我们将这种喜乐与更多人分享。如果我们有一件十分高兴的事，我们巴不得赶紧和身边的人分享，天主教徒牢记耶稣的话："要喜乐"，并带给他人喜乐。

2. 为人仗义，从不食言

人若为自己的朋友舍弃性命，没有比这再大的爱情了。（若15：13）

很多时候，世人习惯了顺口答应他人，却永远也不兑现承诺。而在天主教徒看来，做出一次承诺不仅仅是对当事人，更是对天主的一种承诺，一种必须兑现的承诺。天主教徒为人仗义，即使有时候出于人性的软弱，但出于耶稣的教导，天主教徒永远走在奉献的道路上。

3. 脾气好，不轻易生气

你们纵然动怒，但是不可犯罪，不可让太阳在你们含怒时西落，也不可给魔鬼留有余地。（弗4：26-27）

正是出于这段经文的教导，天主教徒往往不轻易发怒。这并不是说我们都如圣人一般伟大，但我们始终记得“要得到天主的宽恕，必须先宽恕他人”的真理。

4.博爱

我给你们一条新命令：你们该彼此相爱；如同我爱你们，你们也该照样彼此相爱。（若13：34）

如果用一个字来概括基督宗教信仰，那就是一个“爱”字。因为天主是爱，我们又是因着爱而被造。我们不仅要爱自己的近人，更要爱那些不熟悉的人，因为基督的教导正是“彼此相爱”。

5.善于自我检讨

为什么你只看见你兄弟眼中的木屑，而对自己眼中的大梁竟不理会呢？（玛7：3）

没有任何一个宗教像天主教信仰这样重视自己的罪过，要认识到自己的罪过必须先反省、自我检讨。天主教徒积极回应耶稣的教导，我们不要挑剔他人的错误，要多反省自己。

6.爱好和平

缔造和平的人是有福的，因为他们要称为天主的子女。（玛5：9）

世人渴望和平，每一个爱好和平的宗教都在为和平而祈祷。不否认不回避地说，历史上的教会也曾因为人性的贪婪和软弱犯下种种罪过，但现代教会和天主教徒则在天主的指引下强烈呼求和平，并不断为和平而祈祷，因为“缔造和平的人是有福的”。

7.谦卑不自大

凡高举自己的，必被贬抑；凡贬抑自己的，必被高举。（玛23：12）

在天主教徒看来，每个人都是天主的儿女，都是受造物，那么就不存在谁比谁更高贵的问题，换句话来说，我们身边的每个人都有着独一无二的优点，因此我们会彼此尊重、谦卑请教。

8.怜悯穷人

怜悯人的人是有福的，因为他们要受怜悯。（玛5：7）

德兰修女，这位世人皆知的天主教修女，以她的慈善和怜悯被世人所敬仰。如德兰修女一样，很多天主教徒都在默默为穷人服务着、奉献着。现任教宗在当选后便选择"方济各"为名号，其目的就在于提醒天主教徒不要忘记穷人。

9.善于为他人祈祷，甚至为迫害自己的人祈祷

迫害你们的，要祝福；只可祝福，不可诅咒。应与喜乐的人一同喜乐，与哭泣的人一同哭泣。(罗12：14、15)

迫害我们的，我们仍然要为他祈祷，这在他人看来似乎不可思议。的确，很多天主教徒做起来也十分困难，但这已经是一种目标，并且已经有圣人为我们做了榜样。如果有人诋毁我们、攻击我们，我们要是采取同样手段去报复，就很容易把自己也变成和他们一样的人。

10.坚持自己的信仰，从不动摇

为义而受迫害是有福的，因为天国是他们的。（玛5：10）

每当想起那些为信仰遭受迫害、甚至失去生命的殉道者，身为天主教徒的我们充满着感动和敬畏。那些殉道者，难道他们不怕死吗？难道他们不珍惜自己的生命吗？不，他们如我们常人一

样，害怕死亡，但更害怕背弃自己的信仰，很多人在受难前一刻呼喊着耶稣的名字，坚持自己的信仰，从不动摇，这种精神始终影响着现代天主教徒。

基督教的缺点：

1、《基督教的危害性》节选

基督教从古至今一直为人类带来莫大的灾害，尼采说基督教是人类一个永恒的污点一点也没有说错，耶稣的死，整个欧洲随即无日安宁，我们反对基督教，主因是它给人们的麻痹性及对社会的破坏。

2、鸦片的生活

首先，一个健全的社会建基于广大群众的辛勤劳动，共同建设文明社会，幸福生活，但是基督教却宣扬消极厌世思想，让人沉溺于天堂福乐的虚幻幻想中，基督徒的生活宗旨是事奉神，以传教为己业，响往"属灵"生活，换言之，越"属灵"就越沈迷教会生活，他们就越不思进取，持这种生活宗旨的人，实无法对社会作出贡献，难怪尼采说："基督徒毕生的事业就是使人类病弱以歪曲善恶和真假概念以危害生命和诽谤世界。"

3、引起宗教纠纷

基督教不断制造社会上人与人之间的纠纷，教会搅小圈子爱，小人道德，排斥异己，攻击他教。而且不断宣扬排斥异教歧视和仇杀异教徒的思想。从历史的教训可知，一神信仰的信徒的宗教信徒是特别变态的，近至911袭击即为一例。所以不难理解，基督教教会从古至今都是充满血腥的。

4、残杀异己

基督徒残杀异己的历史比比皆是，以酷刑对付异教徒自古皆然。如被基督教尊为圣徒的赛里尔，他是狂热的基督徒，约在丙纪四一二年至四四四年之间，他被任命为亚历山德里亚的监督，他就利用监督的地位，煽动对于居住在该地的犹太人，作大规模的屠杀。使他被称为圣徒的，则是由于另一项功绩；他对一个名叫希柏夏的女子，施用了酷刑；她是一个笃守新柏拉图哲学的女子，跟当时的教会思想不合，所以赛里尔把她逮去，由车上拖下来，剥到一丝不挂，拖到教堂，被一群狂徒，用手屠戮，她的肉，是用尖利的蚝壳由她的骨上刮下，她震颤着四肢，被送到焰火之中。

公元415年，一名女数学家希帕蒂亚丧生于西里耳教长主谋的残忍暴行，在教会眼中，杀人是消灭异端过程中一个微不足道的胜利，于此可见，史上的屠杀暴行有很大程度是源于宗教狂热。

5、破坏伦常关系

基督教破坏伦常关系，摧毁伦常之爱。耶稣的教导明显有违家庭伦常，百行孝为首，然而基督教教导我们大逆不道：

（马太10：34-36）你们不要想我来是叫地上太平。我来，并不是叫地上太平，乃是叫地上动刀兵。因写我来是使儿子反抗父亲，女儿反抗母亲，媳妇反抗婆婆。人的仇敌，就是自己家的人。（马太10：35-37）因为我来，是叫人与父亲生疏，女儿与母亲生疏，媳妇与婆婆生疏．人的仇敌，就是自己家里的人．爱父母过于爱我的，不配作我的门徒，爱儿女过于爱我的，不配作我的门徒。（马太23：9）不要称呼地上的人为父，因为只有一位是你们的父，就是天上的父。（马太10：20）“兄弟要陷害兄弟，而置之死地，父亲要抛弃儿子，而置之死地。儿女与父母为敌，害死他们。”（路加14：26）“谁来就我，而不憎恨他父母妻子，兄弟姊妹，也不憎恨他自己的生命，便不能做我的门徒。”（马太8

：21）"夫子啊！容我先回去埋葬我的父亲"。耶稣说："任凭死人埋葬他们的死人，你跟从我吧！"

耶稣的教导如此，圣经旧约更有活生生的显例，亚伯拉罕，耶弗他杀子献女祭神，一切一切皆根源于有悖伦理的野蛮宗教。

6、闭塞人类思想

古代教父德尔图良曾说："因为荒谬所以我信"。这些反动的宗教蒙昧主义思想严重闭塞人类思想，基督信徒把一生放在彼岸世界，那么，一切世俗的文化，科学智识皆不被重视。

7、基督徒的恶劣表现

1）盲目信仰，自绝理性

我接触基督徒多年，我大胆到可以讲，基督徒三个字即等于盲信，轻信，无知，羊群心理，无探究精神，欠批判思想的代名词。作为一个基督徒，将自己一生埋葬于基督宗教，无论如何都是人生一大事，然而，我接触的基督徒，信主或决志前，根本不曾仔细研究过基督教的。他们没有把《圣经》通读，考察基督教这个宗教的起源等等就胡乱信奉，牧师讲什么他们就信什么。当年我读中学时对基督教很迷惑，尚且保持中立及不可知论达三年，待研究过基督教后才成为无神论者的。怎样才不算是盲目信仰呢？除以上问题要思考外，他们还要将世上所有宗教都认识，而且要将整部哲学史从古希腊哲学到近代后现代主义通读一次，尤其是马克思主义辩证唯物主义哲学，然后再遍阅所有反基督资讯。如果做不到，那就是盲信，盲信的人就要受到批评。

2）食古不化，顽固不堪

即使用尽理据，他们也不接受，因为他们已失去理性，故此信基督教就好似吸毒，劝他们出教就好似帮他们戒毒一样难。我个人接触的基督徒当初信教就是出于无知，那么我用道理劝说他们，他们本应向我虚心请教，但是事实不是，他们只懂得死鸡撑饭盖，一味死硬。他们要坚持不是不可以，然而要坚持都要有理由提出才有资格坚持，然而，我身边的基督徒又要坚持又不能给出一个理性的理由，既不肯去看我建议的书籍及反基督资讯又不能回应我的质问，而只是一味死撑，这些基督徒，不知道应尊重他们还是鄙视他们。

3）相信地狱，泯灭人性

他们为了上天堂，不惜心理上承认不信主的人会下地狱，一个以烈火烧人的教义，相信和接受这些丧心病狂的教义者，那人离变态不远了。故此我可以归结出，信耶稣就是出于自私心。

每一个有良心的人都不会相信地狱，如达尔文就这么说："我很难明白人们怎么能希望基督教是真实的，因为果真如此的话，其经文以明明白白的语言表示了，凡是不信仰基督的人们，其中包括我的父亲、兄弟以及几乎一切我的最好的朋友，都要永世受到惩罚。这真是一种可诅咒的教义。"

而哲学家罗素亦说："我认为在基督的道德品性中存在着一个非常严重的缺点，那就是他相信地狱。我自己认为，真正非常慈悲的人决不会相信永远的惩罚。《福音书》中描绘的基督无疑是相信永远的惩罚的，我们也一再发现把不听从他训导的那些人视为寇仇的报复心理，这种态度在传教士中并不少见。"即使有些基督徒不愿承认地狱中具体的火，但地狱至少也是令人精神痛苦的地方，单凭这一点，耶和华即已是一个邪恶之主。

4）仇视科学，指鹿为马

我自己接触过的基督徒一百个有九十九个都是反进化的，我很质疑他们，这些基督徒又不是科学家，为什么会有资格对科学指手划脚，他们又要学人反进化，又不肯自己去看书，这种态度实在要不得。例如曾经有基督徒无知地质问本人这些幼稚问题：”如果人系由猿猴变的，点解而家的猿猴又唔变的？”其实他们对科学的误解及歪曲，稍有看书都知道他们无知。其实无知是不要紧的，最重要是虚心学习，然后由无知变有知，可惜基督徒文蹇至极，既不懂又不愿学，面对他们，实在是可悲复可怜。

5）背祖离宗，枉为国人

专指中国基督徒。稍微研究下基督教的发生史，都知道耶和华只是源于犹太人的部落神祇，后来才被逐级提升，由部落神到护国神，再到全人类救主。明明白白地耶和华只不过是以色列人的神，耶稣只不过是以色列人的救世主。“(太：10，5）外邦人的路，你们不要走。撒玛利亚人的城，你们不要进。宁可往以色列家迷失的羊那里去。”“(太：15，24） 耶稣说，我奉差遣，不过是到以色列家迷失的羊那里去。”

基督教本就是罗马帝国统治压迫下低下群众自发形成的，后来基督徒向外邦人传教才将以色列人的救世主升级到全人类的救世主。现今中国基督徒全忘了当初洋人是怎样用枪炮，怎样一手拿枪一手拿面包强行向中国人传教的，我们中国五千年文化博大高深，儒道墨法道禅玄，哪一样不比《圣经》高尚？哪一样及不上基督教？中国人基督徒，甘做以色列宗教的狗，接受以色列幼稚宗教，弃中国伟大文化不顾，更甚者，有某些基督徒以中国文化附会圣经，认贼作父，实在是中国人的败类及耻辱！

6）洗脑教育，误人子弟

正如哲学家罗素所说：“不顾事实的盲目信仰，是一切宗教的通性，也是一切国家教育制度的基本精神。在这种情况下，青年的心智发育备受阻碍，对于抱有别种盲目信仰的人，充满了盲目的敌意，对于反对一切盲目信仰的人，更怀有恶毒的忿恨。”这段说话对今日的教会中小学校而言仍然适用，学生年轻幼嫩，思想多未成熟，就要受教会学校每天上课日催眠式福音洗脑，在他们的潜意识里被灌输及植入迷信思想，就好像我以前读中学时，天天早上集会都要被迫携带一本圣诗集，教会学校就是透过悦耳的歌唱，不断歌颂主残暴圣主耶和华，渐渐麻痹学生，从而达到”洗脑”的效果，现在想起也不禁汗毛直竖。课堂上，进化论被基督徒教师恶意歪曲并攻击，学生接收的讯息不是客观的事实，而是争议性很大的偏见！在此情形下，学生的独立思维能力及灵活性被严重破坏。

7）自命属灵，排斥异己

基督徒最讨厌的地方就是他们那种自高自大，自命为属灵一族，以致觉得自己便是唯一得救的一群，自以为只有他们才获得了最后真理，基督徒便是高人一等似的，从而鄙视其他学问知识，不信的就是”属世者”，不配他们这些”属灵人”，在婚姻上便是”信与不信原不相配”。在我眼中，那些自命”属灵”的人正正是低等动物，甚至我家中养的小鸟也高级过他们。

8）出卖尊严，自我作贱

基督徒在上帝前无疑是狗，他们所作一切都只是为讨上帝欢心，如此作贱节堕的行为，怎不令人侧目？基督徒既然不爱惜自己的自尊心，我们非基督徒自当蔑视他们。

9）教派冲突，狗咬狗骨

基督教与天主教同出一根，都是虚假，俱是垃圾，偏偏基督新教总是不安分守己，经常攻击天主教，其实只是”五十步笑百步”而已，在基督新教眼中”异端”特别多，倾轧不已，即使同是新教，各教会之间也互相争夺，勾心斗角。

二、基督教的局限性

基督教的局限性与现实矛盾主要表现在“末日论”与宇宙的无限性的矛盾。

基督教是认为世界有末日的，这是基督教的基本信仰，并成为认识世界的一种基本思维方式。但这种思维方式存在局限性。

比如，从认识论上看，由末日论产生的思维方式就是所有事物都是从一个起点开始，最终到一个终点。这会使人们的认识产生片面性。

因为，从起点到终点这种方式，实际上这不是事物存在的唯一方式。按照中国古代哲学的思维，有些事物是无始无终的。

再如，从社会学上说，时时出现的世界末日的传说，造成了人们的恐惧与社会秩序的混乱。这方面的例子不少。

基督教如何解释几乎与上帝毫不相干的古中国?

中国古代几千年的发展几乎都与基督教毫不相干，即使唐朝时基督教开始传入中国，也对中国历史的影响微乎其微，或者可以说，几千年地球上巨大的东亚板块基本被上帝遗忘了。而在这几千年里中国产生了与西方宗教概念相差甚大的各派学说，道教和佛教这类宗教与西方式的宗教概念也是很有出入的。基督徒们该如何自圆其说?

社科院美国研究所网站根据这里“1990年美国48个州成年人口自称信奉基督教宗派所属一览表”，可以看到美国有大量的教派，可能不同教派的观点不同，那么如何普判断“基督徒”的观点?

免责声明：

本章中引用了一些网上没有出处的观点，并非是本书《爱华思想和文化》的重点，在后面"爱华"思想和文化章节中不会再提及。

第十章 人类的起源和未来

一、人类的起源

1. 人类的起源是指人类的历史渊源。

人类如何起源，历来传说、争论很多。科学家表示，人类是从一种3亿多年前漫游在海洋中的史前鲨鱼进化而来的。这种名为棘鱼属的原始鱼类是地球上包括人类在内的所有有颌类脊椎动物的共同祖先。

但是这一种理论是基于达尔文进化论来的，达尔文的进化理论不仅仅是现代生物学的基础，也是近代生理学、伦理学、心理学、哲学以至社会意识的基石。可实际情况是，这是一个完全错误的理论。

根据史书记载，我们本次人类从最原始的石器时代到出现现在的高度文明，才不超过一万年时间.很显然，这些文明古迹不属于我们本次人类所创造.实际上，许多文明古迹，我们现在人类科学技术都无法建造.根据这些确凿的证据，一些学者提出了史前文明学说，是指在我们本次人类文明之前在地球上曾经存在过人类文明.

同时，所发现的许多文明古迹时间跨度非常古远.从当今发掘和发现的各种不同史前人类文明遗迹看，从一个非常久远的远古时代开始，在我们这个地球上就一直存在着人类，并发展出高度发达的文明.如在三叶虫化石上发现的6亿年至2.5亿年前的穿着鞋的人类脚印，在今天的非洲加蓬共和国发现的20亿年前的大型链式核反应堆，在现今南非发现的28亿年前的金属球，及多次不同时期的石器等等，很难想象它们属于同一人类文明时期.因此，科学家们又提出了多次史前文明的理论，认为地球上曾经有过多次史前人类及文明.人类的发展并不象以前想象的那样，而是周期性的，不同时期地球存在不同的文明.

现代科学已认识到，一切事物发展皆有周期性.人有生、老、病、死；植物、动物也有生、老、病、死；社会的发展有周期性，同样，人类的发展也很可能有周期性.这可以从当今发掘出和发现的各种不同史前人类文明遗迹和不同史前人类石器时代留下的工具找到线索.

现代科学界已发现：在地质历史上发生过几次特大的灭绝，几乎灭绝了所有的生物.地球周期性灾变的直接证明非常多.从已发现的证据看，史前人类文明曾因各种灾变而毁灭，这包括地震、洪水、火山、外来星体（包括陨石、彗星）撞击、大陆板块的升降、气候突变等等.

1万2千年前沉入海底的亚特兰蒂斯大陆

亚特兰蒂斯曾是一个具有高度人类文明的大陆，但却在大约11600年前一场世界性的大地震灾难中沉入海底.现今的加那利群

岛被怀疑是其在海平面以上的残留部分

列举史前文明之谜

沉入海底的遗迹

在秘鲁海岸边的水下200米深处，人们发现了雕刻的石柱和巨大的建筑物.在直布罗陀海峡外侧的大西洋海底，成功地拍摄了八张海底照片.从这些照片中可以清晰地看到，有一座古代城堡的墙壁和石头台阶. .它沉沦的时间也是在大约一万多年以前.在百慕大三角地带海域西面，发现了一座巨大的金字塔.

很显然，这些曾代表着史前人类并有光辉灿烂文明的城市遗迹，却因大陆下沉而沉入海底.

史前大洪水之谜

大约1万2千年前左右，上一期人类文明曾遭受一次特大洪水的袭击，那次洪水也导致大陆的下沉.考古学家陆续发现了许多那次大洪水的直接和间接证据.人类文化学家也通过研究世界各地不同民族关于本民族文明起源的传说则发现：世界各地不同民族的古老传说都普遍述及人类曾经历过多次毁灭性大灾难，并且如此一致地记述了在我们本次人类文明出现之前的某一远古时期，地球上曾发生过一次造成全人类文明毁灭的大洪水，而只有极少数人得以存活下来.全世界已知的关于大洪水的传说有600多则.例如，中国及日本、马来西亚、老挝、泰国、印度、澳大利亚、希腊、埃及及非洲、南美、北美土著等各个不同国家和民族的传说中都保留着对一场大洪水的记忆.虽然这些传说产生于自各个不同的民族、文化，却拥有极其相似的故事情节和典型人物.对于这一切证据和现象，用偶然或巧合是根本无法解释的. 有关那次大洪水的过程，《圣经》中有所描述.虽然《圣经》是一本宗教书籍，但很多学者认为《圣经》描述的是真实的人类历史.以下为《圣经》中关于那次大洪水的摘要："洪水泛滥地上40昼夜，水往上涨，把方舟从地上漂起"；"水势在地上极其浩大，山岭都淹了"；"5个月后，方舟停在拉腊山上；又过4个月后，诺亚离开了方舟，地已全干了."那次洪水同时伴随着大陆的变迁完全摧毁了当时整个地球的人类文明，只有极少数人活下来了.近来考古学家发现的许多史前遗迹，如亚特兰第斯大陆、希腊文明及海底建筑物等等均可能因那次洪水而消失.

踩在三叶虫上的足印

1938年美国肯塔基州柏里学院地质系主任柏洛兹博士宣布，他在石炭纪砂岩中发现10个类人动物的脚印.显微照片和红外线照片证明，这些脚印是人足压力自然造成，而非人工雕刻.据估计，有人足痕迹的这些岩石约有二点五亿年历史.

更早一些时候，有人在美国圣路易市密西西比河西岸一块岩石上，曾发现过一对人类脚印.据地质学家判断，这块岩石约有二点七亿年历史.

最为奇特的发现，是在美国犹他州羚羊泉.业余化石爱好者米斯特于1968年6月发现了几块三叶虫化石.他叙述说，当他用地质锤轻轻敲开一块石片时，石片"像书本一样打开，我吃惊地发现，一片上面有一个人的脚印，中央处踩着三叶虫，另一片上也显出几乎完整无缺的脚印形状.更令人奇怪的是，那几个人穿着便鞋！"

之后，1968年7月，地质学名家伯狄克博士亲往羚羊泉考察，又发现了一个小孩的脚印.1968年8月，盐湖城公立学校的一位教育工作者华特，又在含有三叶虫化石的同一块岩石中发现了两个穿鞋子的人类足迹.

所有这些发现，经有关学者鉴定，均认为令人无法怀疑，是对传统地质学的严重挑战.犹他州大学地球科学博物馆馆长马迪生，在记者招待会上说，那时候“地球上没有人类，也没有可以造成近似人类脚印的猴子、熊或大懒兽，那么，在连脊椎动物也未演化出来之前，有什么似人的动物会在这个星球上行走呢？”

三叶虫是细小的海洋无脊椎动物，与虾、蟹同类.在地球上存在时间从6亿年前开始，至2.8亿年前灭绝.而人类出现的历史与之相比，很短，至于穿上像样的鞋子不过三千多年.这一切，又该作何解释？

20亿年前的核反应堆

原子能技术是人类近几十年中才开始掌握的一门高科技技术，而在非洲，却发现了一个20亿年前的核反应堆！

法国有一家工厂使用从非洲加蓬共和国进口的奥克洛铀矿石，他们惊讶地发现，这批进口铀矿石已被人利用过.铀矿石的一般含铀量为0.72%，而奥克洛铀矿石的含铀量却不足0.3%.这一奇怪的现象引起了科学家们的注意.他们纷纷来到加蓬奥克洛铀矿考察，发现了一个不可思议的史前遗迹——古老的核反应堆，由6个区域约五百吨铀矿石构成，输出功率估计为100千瓦.这个反应堆保存完整，结构合理，运转时间长达50万年之久.

据考证，奥克洛铀矿成矿年代大约在20亿年之前，成矿后不久就有了这一核反应堆.而人类只是在几十万年之前，才开始使用火.那么，是谁留下了这个古老的核反应堆？是外星人的作品，还是前一代地球文明的遗迹？

矿石中的人造物

人类学会制造工具不过几十万年历史，然而，人们却从几千万年甚至几亿年前形成的矿石中发现人工制造的东西.

1844年，苏格兰特卫德河附近的矿工，在地下8英尺的岩石中发现藏有一条金线.

1845年，英国布鲁斯特爵士报告，苏格兰京古迪采石场在石块中发现一枚铁钉，铁钉的一端嵌在石块中.

1851年，美国马萨诸塞州多契斯特镇进行爆破，从坚实的岩床中炸出了两块金属碎片.

这两块碎片合拢后，竟是一个钟形器皿，高12厘米，宽17厘米，是用某种金属制成，有点像锌或锌与银的合金，表面铸刻着6朵花形图案，花蕊中镶有纯银，底部镌刻着藤蔓花环图纹，当地报刊誉为“精美绝伦”.

1852年，苏格兰一处煤矿中，在一大块煤炭中发现一件形状像钻头的铁器，而煤块表面无破损，也找不到任何钻孔.

1885年，澳大利亚一处作坊的工人，在砸碎煤块时发现煤中有一个闪闪发光的金属物，是一平行六面体，两面隆起，其余四面均有深槽，形状规则，使人无法否认这是一个人造物体.

1891年，伊利诺州摩里逊维尔镇的柯尔普太太在敲碎煤块时，发现煤里有一条铁链，两端还分别嵌在两块煤中.这两块煤原来是一个整体，只是在敲碎时才分开.

以上种种超文明不解之谜，一些科学家认为有两种解释，一是外星人访问地球所留下的痕迹，一是现代人类文明之前，曾经出现过前一届高级人类的史前超文明.越来越多的人更为相信后一种解释，有科学家提出了地球文明周期进化论.生物考古学家认为，地球诞生至今的45亿年历史中，地球生物经历了5次大灭绝，生生死死，周而复始，最后一次大灭绝发生在6500万年之前.有人据此推断，20亿年前地球上存在过高级文明生物，但不幸毁灭于一场核大战或巨大的自然灾变.亿万年的沧海桑田几乎抹去了一切文明痕迹，仅留下极少遗物，成了现代人类的不解之谜.也有人认为，前一届高级文明的毁灭，是因为地球气候的周期性变化.或者因为地球磁场的周期性消失.太阳系运转到宇宙空间某个特定位置时，地球上将会周期性地出现不适应人类生存的气候.6500万年前恐龙的灭绝便是一个例证.地球的这种周期性气候变化会导致高级智慧生物的周期起源和进化.

2. 中国盘古开天地的故事

传说太古时候，天地不分，整个宇宙像个大鸡蛋，里面混沌一团，漆黑一片，分不清上下左右，东南西北。但鸡蛋中孕育着一个伟大的英雄，这就是开天辟地的盘古。盘古在鸡蛋中足足孕育了一万八千年，终于从沉睡中醒来了。他睁开眼睛，只觉得黑糊糊的一片，浑身酷热难当，简直透不过气来。他想站起来，但鸡蛋壳紧紧地包着他的身体，连舒展一下手脚也办不到。盘古发起怒来，抓起一把与生俱来的大斧，用力一挥，只听得一声巨响，震耳欲聋，大鸡蛋骤然破裂，其中轻而清的东西向上不断飘升，变成了天，另一些重而浊的东西，渐渐下沉，变成了大地。

盘古开辟了天地，高兴极了，但他害怕天地重新合拢在一块，就用头顶着天，用脚踏住地，显起神通，一日九变。他每天增高一丈，天也随之升高一丈，地也随之增厚一丈。这样过了一万八千年。盘古这时已经成为一个顶天立地的巨人，身子足足有九万里长。就这样不知道又经历了多少万年，终于天稳地固，不会重新复合了，这时盘古才放下心来。但这位开天辟地的英雄已经筋疲力尽，再也没有力气支撑自己，他巨大的身躯轰然倒地了。

盘古临死时，全身发生了巨大的变化。他的左眼变成了鲜红的太阳，右眼变成了银色的月亮，呼出的最后一口气变成了风和云，最后发出的声音变成了雷鸣，他的头发和胡须变成了闪烁的星辰，头和手足变成了大地的四极和高山，血液变成了江河湖泊，筋脉化成了道路，肌肉化成了肥沃的土地，皮肤和汗毛化作花草树木，牙齿骨头化作金银铜铁、玉石宝藏，他的汗变成了雨水和甘露。从此开始有了世界。

当然这只是个神话故事，因为当时人们的科技还相当落后，对大自然的认识只能靠感知，但是可以确定的一点就是人类是突然来到地球上的！

3.中国女娲补天的故事

传说盘古开天辟地，女娲用黄泥造人，日月星辰各司其职，子民安居乐业，四海歌舞升平。后来共工与颛顼争帝位，不胜而头触不周之山，导致天柱折，地维绝，四极废，九州裂，天倾西北，地陷东南，洪水泛滥，大火蔓延，人民流离失所。

女娲看到她的子民们陷入巨大灾难之中，十分关切，决心炼石以补苍天。于是她周游四海，遍涉群山，最后选择了东海之外的海上仙山—天台山。天台山是东海上五座仙山之一，五座仙山分别由神鳌用背驼着，以防沉入海底。女娲为何选择天台山呢，因为只有天台山才出产练石用的五色土，是炼补天石的绝佳之地。

于是，女娲在天台山顶堆巨石为炉，取五色土为料，又借来太阳神火，历时九天九夜，炼就了五色巨石36501块。然后又历时九天九夜，用36500块五彩石将天补好。剩下的一块遗留在天台山中汤谷的山顶上。

天是补好了，可是却找不到支撑四极的柱子。要是没有柱子支撑，天就会塌下来。情急之下，女娲只好将背负天台山之神鳌的四只足砍下来支撑四极。可是天台山要是没有神鳌的负载，就会沉入海底，于是女娲将天台山移到东海之滨的琅琊，就是今天日照市涛雒镇一带。至今天台山上仍然留有女娲补天台、补天台下有被斩了足的神鳌和补天剩下的五彩石，后人称之为太阳神石。

女娲补天之后，天地定位，洪水归道，烈火熄灭，四海宁静。人们在天台山载歌载舞，欢庆补天成功，同时在山下建立女娲庙，世代供奉，朝拜者络绎不绝，香火不断。

这个神话故事说明，高智商外星人来到了地球，改造了地球后并且造了人类以及其它哺乳类动物。

4.高智商外星人如何造人

根据当今物理学的研究，最小的粒子为超弦，这就是宇宙万物的灵魂。

超弦理论

超弦理论、M理论和黑洞物理学

超弦理论是物理学家追求统一理论的最自然的结果。爱因斯坦建立相对论之后自然地想到要统一当时公知的两种相互作用－－万有引力和电磁力。他花费了后半生近40年的主要精力去寻求和建立一个统一理论，但没有成功。现在回过头来看历史，爱因斯坦的失败并不奇怪。实际上自然界还存在另外两种相互作用力－－弱力和强力。现在已经知道，自然界中总共4种相互作用力除有引力之外的3种都可有量子理论来描述，电磁、弱和强相互作用力的形成是用假设相互交换“量子”来解释的。但是，引力的形成完全是另一回事，爱因斯坦的广义相对论是用物质影响空间的几何性质来解释引力的。在这一图像中，弥漫在空间中的物质使空间弯曲了，而弯曲的空间决定粒子的运动。人们也可以模仿解释电磁力的方法来解释引力，这时物质交换的“量子”称为引力子，但这一尝试却遇到了原则上的困难－－量子化后的广义相对论是不可重整的，因此，量子化和广义相对论是相互不自洽的。

目前，超弦理论最引人注目，它距完成超对称统一理论还相当遥远。粒子理论的一个重要探索方向是关于超对称统一理论的研究，其目标一是把大统一理论扩大到包括万有引力在内，从而把四种基本相互作用统一到一起来；二是探索夸克和轻子的内部结构，提出“亚夸克”模型，从而把自旋为半整数的费米子和自旋为整数的玻色子统一到一起。

超弦理论是人们抛弃了基本粒子是点粒子的假设而代之以基本粒子是一维弦的假设而建立起来的自洽的理论，自然界中的各种不同粒子都是一维弦的不同振动模式。与以往量子场论和规范理论不同的是，超弦理论要求引力存在，也要求规范原理和超对称。毫无疑问，将引力和其他由规范场引起的相互作用力自然地统一起来是超弦理论最吸引人的特点之一。因此，从1984年底开始，当人们认识到超弦理论可以给出一个包容标准模型的统一理论之后，一大批才华横溢的年轻人自然地投身到超弦理论的研究中去了。

研究发现

在十维空间中，实际上有5种自洽的超弦理论，它们分别是两个IIA和IIB，一个规范为Apin(32）/Z2的杂化弦理论，一个规范群为E8×E8的杂化弦理论和一个规范为SO（32）的I型弦理论。对一个统一理论来说，5种可能性还是稍嫌多了一些。因此，过去一直有一些从更一般的理论导出这些超弦理论的尝试，但直到1995年人们才得到一个比较完美的关于这5种超弦理论统一的图像。

场基本理论极限

所有的五种超弦理论和M理论都是一个场基本的理论的不同

极限

这一图像可以有用上图来表示。存在一个唯一的理论，姑且称其为M理论。M理论有一个很大的模空间（各种可能的真空构成的空间）。5种已知的超弦理论和十一维超引力都是M理论的某些极限区域或是模空间的边界点（图中的尖点）。有关超弦对偶性的研究告诉我们，没有模空间中的哪一区域是有别于其他区域而显得更为重要和基本的，每一区域都仅仅是能较好地描述M理论的一部分性质。但是，在将这些不同的描述自洽地柔合起来的过程中我闪也学到了对偶性和M理论的许多奇妙性质，尤其是各种D－膜相互转换的性质。

在此我们不得不提到超弦理论成功地解释了黑洞的熵和辐射，这是第一次从微观理论出发，利用统计物理和量子力学的基本原理，严格了导出了宏观物体黑洞的熵和辐射公式，毫无疑问地确立了超弦理论是一个关于引力和其他相互作用力的正确理论

将5种超弦理论和十一维超引力统一到M理论无疑是成功的，但同是也向人们提出了更大的挑战。M理论在提出时并没有一个严格的数学表述，因此寻找M理论的数学表述和仔细研究M理论的性质就成了这一时期理论物理研究热点。

道格拉斯（Douglas，MR）等人仔细研究了D－膜的性质，发现了在极短距离下，D－膜间的相互作用可以完全由规范理论来描述，这些相互作用也包括引力相互作用。因此，极短距离下的引力相互作用实际上是规范理论的量子效应。基于这些结果，班克（Banks，T）等人提出了用零维D－膜（也称点D－膜）作为基本自由度的M理论的一种基本表述－－矩阵理论。

矩阵理论是M理论的非微扰的拉氏量表述，这一表述要求选取光锥坐标系和真空背景至少有6个渐近平坦的方向。利用这一表述已经证明了许多偶性猜测，得到了一类新的没有引力相互

作用的具有洛仑兹不变的理论。如果我们将注意力放在能量为1/N量级的态（N为矩阵的行数或列数），在N趋于无穷大的极限下，可以导出一类通常的规范场理论。许多迹象表明，在大N极限下，理论将变得更简单，许多有限N下的自由度将不与物理的自由度耦合，因而可以完全忽略。所有这些结论都是在光锥坐标系和有限N下得到的，可以预期一个明显洛仑兹不变的表述将是研究上述问题极有力的工具。具体来说，人们期望在如下问题的研究上取得进展：

（1）全同粒子的统计规范对称性应从一个更大的连续的规范对称性导出。

（2）时空的存在应与超对称理论中玻色子和费米子贡献相消相关联。

（3）当我们紧致化更多维数时，理论中将出现更多的自由度，如何从量子场论的观点理解这一奇怪的性质?

（4）有效引力理论的短距离（紫外）发散实际上是某些略去的自由度的红外发散，这些自由度对应于延伸在两粒子间的一维D－膜，从场论的观点来看，这此自由度的性质是非常奇怪的。

（5）将M理论与宇宙学联系起来。

5.牛顿和爱因斯坦晚年为什么研究神学

牛顿运动定律包括牛顿第一运动定律、牛顿第二运动定律和牛顿第三运动定律三条定律，由艾萨克·牛顿在1687年于《自然哲学的数学原理》一书中总结提出。其中，第一定律说明了力的含义：力是改变物体运动状态的原因；第二定律指出了力的作用效果：力使物体获得加速度；第三定律揭示出力的本质：力是物体间的相互作用。

早在20世纪20年代，著名物理学家爱因斯坦就致力于寻找一种统一的理论来解释所有相互作用，也可以说是解释一切物理现象，因为他认为自然科学中“统一”的概念或许是一个最基本的法则。甚至可说在爱因斯坦的哲学中，“统一”的概念根深蒂固，他深信“自然界应当满足简单性原则”。

从30年代提出相对论后不久，爱因斯坦就着手研究“大统一理论”，试图通过“弱作用，磁场，强作用”的统一思维来简单的解释宇宙，进一步将当时已发现的四种相互作用统一到一个理论框架下，从而找到这四种相互作用产生的根源。这一工作一直到他1955年逝世为止，并几乎耗尽了他后半生的精力，而且统一思维与当时物理学界的主流思想不符，以致于一些科学史学家断言这是爱因斯坦的一大失误。

爱因斯坦与牛顿被认为是人类历史上最伟大的科学家，他们都站在了当时的思想领域的最高峰。当他们穷尽了物理世界的客观规律之后，他们终于发现，关于宇宙问题的最终答案，只能指向神。

牛顿的天才是多方面的，他在天文、地理、数学、神学等方面都有辉煌的成就，他最有名的著作《自然科学的数学原理》是近代科学的基石。

哈雷是牛顿的好友，英国著名天文学家，哈雷彗星的轨道就是他所推算的，他不相信宇宙中一切的天体是神创造的。有一次，牛顿造了一个太阳系模型，中央是一个镀金的太阳，四周各大行星各照各的位置排列整齐，一拉曲柄，各星球立即按照自己的轨道和谐的转动，形象非常的美妙。有一天，哈雷来访，看到这个模型，玩弄了好久，惊叹不已，立刻问这是谁造的。牛顿回答说，这个模型没有人设计和制造，只不过是偶然间各种材料凑巧碰在一起而形成的。哈雷说，无论如何必定有人造它，并且是位天才。

这时牛顿拍着哈雷肩膀说："这个模型虽然精巧，但比起真正太阳系，实在算不上什么；你尚且相信一定有人制造它，难道比这个模型精巧亿万倍的太阳系，岂不是应该有全能的神，用高度智慧创造出来的吗？"哈雷恍然大悟，终于相信神的存在。

牛顿的三大定律，描述了宇宙发展变化的规律及其原因。可以这样说，牛顿对"动"起来之后的世界的解释是清晰明了的，但对宇宙是如何"动"起来的是无法解释的。世间万物，日月星辰，为什么会按照一定的规律运动，这"最初的一击"是从何而来的？沿着这里思路推理下去，最终牛顿把这个"最初的一击"归结为上帝。牛顿也就从科学家走到了神学家。

牛顿这样评价自己的科学成就，只不过是在"追随神的思想"，"照神的思想去思想而已"。他总结对宇宙万物的看法说："宇宙万物，必定有一位全能的神在掌管、统治。在望远镜的末端，我看到了神的踪迹。"

爱因斯坦最为敬佩的科学家是牛顿。他曾谦虚地表示："真正伟大的科学家是牛顿，我只不过将牛顿在计算上的错误加以修正而已。"爱因斯坦和牛顿一样，也认为宇宙法则是"上帝"的杰作"，是"神"在安排星球运行的力量。

有一天，有位记者访问爱因斯坦，请他发表对宗教及神存在问题的看法。正好，爱因斯坦刚送走一位客人。爱因斯坦问："记者先生，您是否知道是谁将咖啡杯等物放于此处的？"记者答道："自然是阁下。"爱因斯坦接着说："小如咖啡杯等物，尚且需要一种力量来安排；那么您想一想，宇宙拥有多少星球，而每一星球均按一定轨道运行无间，这种安排运行力量的即是神。"

6.高智商外星人是如何造人以及帮助早期的人类的

首先我们要弄清楚地球上有多少种类的人，一共四种：

黄色人种（也叫蒙古人种）、白色人种（欧罗巴人种）、黑色人种（也叫尼格罗人种）和棕色人种（也叫澳大利亚人种）。黄色人种的主要特征是肤色浅黄，脸扁平，颧骨突出，头发直而且较硬，眼睑有内眼褶。白色人种的皮肤白，鼻狭而高，虹膜的颜色和头发类型多种多样。黑色人种的肤色黝黑，鼻低而宽，嘴唇宽厚，头发卷曲。棕色人种的皮肤黄褐或棕黑，鼻短而宽，唇较厚，头发波形或卷曲。

高智商的外星人就是我们古代所误认的神或仙，是星系智慧，他们来自银河系某处，但是他们的智商还达不到用超弦来造人，他们使用的是灵魂以及遗传基因组合工程来创造人类，四种人类的灵魂以及遗传基因是他们从母星上带来的，他们用地球上的有机物质合成了人类以及哺乳类动物，创造了一个完整的生态给人类生存和进化。

高智商的外星人是不需要肉体生存的，所以我们永远也看不到他们，但是他们看得到人类。

改造好了整个大自然后，他们为了让人类能主导整个地球，在领头的人类首领身上注入了他们的灵魂，中国古代叫“下凡”，当时人神共体，没有封印。中国古代对应的朝代是夏朝和商朝，人神同在，神仙们教化人类，传授给人类各种文字和记忆，懂得天意；规范人类的道德和思想；带领了人类如何适应环境，如何战胜野兽，如何利用工具生存等。

中国古代的神话故事就是来源于这个阶段，当人类繁殖到有一定的数量之后，高智商的外星人便离开了地球，让人类自然繁殖发展。中国对应的朝代就是周朝，典型的神话小说就是“封神演义”。从那时起，就有了3000多年中华文化的文字记载。

7.高智商外星人如何控制人类和哺乳类动物生老病死的

在他们造人和动物的时候，他们带来的DNA遗传基因已经决定了各种生物的正常寿命长短，所以人和动物都会出现生老病死。

那么现在问题就出现了？外星人到底需要人类和动物的什么东西？两个字：灵魂！

人类和动物所有的记忆由灵魂储存，大脑好像电脑磁盘，起介质的作用，灵魂像磁盘上的信息，人和动物死后灵魂和肉体分离，飞向宇宙空间，将开启新的生命旅程。

灵魂在人和动物的一生中是具有记忆以及能量的，人类和动物的DNA遗传基因肯定在母星上有，并且都是有生命周期的。

8. 为什么人和动物只有通过雌雄交配才能产生下一代?

现代生物遗传科学已经探明了人类和动物的繁殖方式，就拿人类来举例：

染色体是细胞核内的染色质经过高度螺旋化形成的结构。它是由DNA和蛋白质组成的。而基因是具有遗传效应的DNA片段。所以基因只是DNA分子链的一部分。

一个染色体在通常情况下只有一个DNA分子，染色体经过细胞周期中的细胞间期复制后就会有两个DNA分子。而一个DNA分子上会有成千上万个基因。而基因是决定生物性状的最小单位。

一个人的体细胞的细胞核上有23对染色体。基因是DNA上具有遗传效应的片段，一个DNA上有三万多个基因。

体细胞中的染色体是成对存在，在形成精子和卵细胞的细胞分裂过程中，染色体都要减少一半．而且不是任意的一半，是每对染色体中各有一条进入精子和卵细胞，生殖细胞中的染色体数是体细胞中的一半，成单存在，当精子和卵细胞结合形成受精卵时，染色体又恢复到原来的水平，一条来自父方，一条来自母方，人的体细胞中有23对染色体，精子、卵细胞、受精卵和体细胞的染色体数目分别是23条、23条、46条、46条。

生命工程是相当复杂的，就像宇宙规律一样，但是有一点可以肯定，只有雌雄交配产生受精卵那一刻，灵魂才会注入。

那现在就有一个疑问了，我们中华民族的传统文化中总有神仙下凡投胎这一说，那就是说，在某一对夫妻同房的时候，星系智慧就早已经选择好了注入他（或她）的灵魂。

但是他们注入人类的灵魂是加了密的，也就是所谓的“封印”，母星不容许任何一个下凡投胎的神仙具有超人类的机体能力，也就是说不能以神通示人，束缚着他的神通能力。但是会在灵魂的经历过程中设置好程序，他将来绝对会统治族群。

母星派神仙下凡投胎无非是管理好人类，让多数的人正常走完生命历程，防止长期由于人类战争摧残灵魂造成太多不正常死亡。

对他们来说，不完美的灵魂是没有用处的，星系智慧只带走完美的灵魂，将会用来组合新的星系智慧，进入新的神仙式的生命旅途。

不完整的（不正常死亡）以及扭曲的灵魂（做了坏事未达到定罪标准的）只会在空间无序地游荡，寻机再次投胎做人。

审判并定了罪的灵魂将会被送往黑洞，进入地狱一般的星际生命历程，如果将来改造表现好的，将会被黑洞再次释放出来重新寻机投胎；表现不好的有可能永不超生。

中华民族的传统文化中，有500年一神仙下凡，2500年一个更高级别的神仙下凡。明朝皇帝朱元璋、新中国缔造者毛泽东属于神仙下凡，相信佛教的释迦牟尼、基督教的耶稣、伊斯兰教的默罕默德都是神仙下凡投胎。

9.人类能否成仙？

根据近万年的人类发展史，按照生物五届分类系统，物种是无法突变到高一届的。

原核生物界（Bacteria）

原生生物界（Protoctistans）

植物界（Plants）

真菌界（Fungi）

动物界（Animals）

所以人类在现今的灵魂以及遗传基因主导下，是无法单一修炼成为神仙的。只有人类的灵魂合成一起才可能进化到星系智慧。

10.地球还能养活人类多久？

高智商外星人无非在银河系中找到了一个适合人类生存的地球来造人，当整个地球的资源利用完结后，人类就会被转移到另外的星球。靠当今人类的发现（科学家说是发明）是永远逃离不了太阳系的，因为我们的物种基因决定了我们的肉体生命很难超过100年。

二、人类未来

那么人类是否就只有坐以待毙了，记得我小时候不懂天文，但是常常仰望着夜空的三颗差不多成一直线的明亮星星，长大后才知道是猎户座的腰带三星。

非洲埃及的吉萨高地上那三座神秘的金字塔，其在地面上的相关位置，恰好完全等同于这三颗明星的排列方式。波法尔发现，如果我们从空中对吉萨金字塔进行俯视，就会看到胡夫大金字塔恰好对应着尼他克，哈夫拉第二金字塔则与尼兰相对应，而曼卡拉第三金字塔与另外两个金字塔相比，要偏东一点，这正好构成了一幅极其完整的猎户星座构图。

小时候在夜空中还经常仰望另外一个星座，就是长大后知道的北斗七星，它们像一把勺子一样，一年四季会转动方向，现在才明白是围绕北极星在转动。

也许我们的母星就在那里？如果祖先是来自猎户座，那也太遥远了，大约1500年光年左右，星系智慧如何才能够去到？

从真神国父毛泽东2011年重返地球旅程，由超弦组成的灵魂速度来计算，暂且认为神仙的移动速度和灵魂一样，那么神仙的速度可以达到100倍光速以上；如果祖先是来自北斗七星，那么速度也要到达近5倍光速。

因此我们必须在地球毁灭之前，找到一种载体，或者一条时光隧道，把地球上所有人类的灵魂运往母星。相信下凡投胎的神仙能够指点人类迷津，可以发现和利用更多的宇宙规律。可以肯定具有划时代意义“发明”的科学家都是神仙下凡投胎的，例如牛顿、爱因斯坦、爱迪生等。

相信地球上现在有神仙已经下凡投胎，肉体生命结束后将解密，也就是“解封”，恢复高智商外星人的能力，成为星系智慧，具有无比的神通能力，可以直接接受天帝的指令。

如果将来人类受到末日威胁，星系智慧将会携带人类灵魂回到母星或者去到其它可以适合人类生活的星球，当然也会带上有用的动物灵魂以及各物种基因。

第十一章　宇宙的起源和未来

人类要想获知宇宙的起源必须先了解大爆炸宇宙说，它是至今人类历史上对宇宙研究最久最完善的学说，倾注了无数天文学家、物理学家、数学家等科学研究人员的心血。

一、大爆炸宇宙说

简介

“大爆炸宇宙论”（The Big Bang Theory）认为：宇宙是由一个致密炽热的奇点于137亿年前一次大爆炸后膨胀形成的。1927年，比利时天文学家和宇宙学家勒梅特（Georges Lemaître）首次提出了宇宙大爆炸假说。1929年，美国天文学家哈勃根据假说提出星系的红移量与星系间的距离成正比的哈勃定律，并推导出星系都在互相远离的宇宙膨胀说。

现代宇宙学中最有影响的一种学说。它的主要观点是认为宇宙曾有一段从热到冷的演化史。在这个时期里，宇宙体系在不断地膨胀，使物质密度从密到稀地演化，如同一次规模巨大的爆炸。该理论的创始人之一是伽莫夫。1946年美国物理学家伽莫夫正式提出大爆炸理论，认为宇宙由大约140亿年前发生的一次大爆炸形成。上世纪末，对Ia超新星的观测显示，宇宙正在加速膨胀，因为宇宙可能大部分由暗能量组成。

产生原理

爆炸之初，物质只能以中子、质子、电子、光子和中微子等基本粒子形态存在。宇宙爆炸之后的不断膨胀，导致温度和密度很快下降。随着温度降低、冷却，逐步形成原子、原子核、分子，并复合成为通常的气体。气体逐渐凝聚成星云，星云进一步形成各种各样的恒星和星系，最终形成我们如今所看到的宇宙。

“宇宙并非永恒存在，而是从虚无创生”的思想在西方文化中可以说是根深蒂固。虽然希腊哲学家曾经考虑过永恒宇宙的可能性，但是，所有西方主要的宗教一直坚持认为宇宙是上帝在过去某个特定时刻创造的。

基本假设

大爆炸理论的建立基于了两个基本假设：物理定律的普适性和宇宙学原理。宇宙学原理是指在大尺度上宇宙是均匀且各向同性的。

这些观点起初是作为先验的公理被引入的，现今已有相关研究工作试图对它们进行验证。例如对第一个假设而言，已有实验证实在宇宙诞生以来的绝大多数时间内，精细结构常数的相对误差值不会超过10^（-5）。此外，通过对太阳系和双星系统的观测，广义相对论已经得到了非常精确的实验验证；而在更广阔的宇宙学尺度上，大爆炸理论在多个方面经验性取得的成功也是对广义相对论的有力支持。

假设从地球上看大尺度宇宙是各向同性的，宇宙学原理可以从一个更简单的哥白尼原理中导出。哥白尼原理是指不存在一个受偏好的（或者说特别的）观测者或观测位置。根据对微波背景辐射的观测，宇宙学原理已经被证实在10^(-5）的量级上成立，而宇宙在大尺度上观测到的均匀性则在10%的量级。

研究历程

初始阶段

许多人不知道的是，与大爆炸理论已经成为常识的今天相比，在该理论刚刚提出之后的很长一段时间，世界科学界对其的态度是“嗤之以鼻”的。

这种奇怪的现象，是因为当时的科学界受进化论推翻“上帝创造论”的哲学思潮影响，盲目地反对传统理论，不承认如《圣经》所言，宇宙是有一个起点的。这一时期的西方科学界普遍坚持宇宙和物质是恒定不变、无始无终的。因此对于所有涉及说宇宙和万物都“有一个起点”的理论一概不予承认。包括像爱因斯坦这样的大科学家也受其影响。爱因斯坦在总结引力场方程，发现这个Rμv-(1/2）Rgμv=kTμv的公式将推导出宇宙其实是一个有着从未停止的物质变化的动态宇宙，于是在该公式中又强加了一个“宇宙常数”，以维持静态宇宙的计算结果。也就是说，最初的场方程其实是这样的：∧gμv+Rμv-(1/2）Rgμv=kTμv，其中常数“∧”为宇宙常数。

验证阶段

但是自从1922年美国天文学家埃德温·哈勃开始观测到到“红移现象”开始，有关“宇宙膨胀”的观点开始形成。

1929年，埃德温·哈勃总结出了一个具有里程碑意义的发现，即：不管你往哪个方向看，远处的星系正急速地远离我们而去，而近处的星系正在向我们靠近。换言之，宇宙正在不断膨胀。这意味着，在早先星体相互之间更加靠近。事实上，似乎在大约100亿至200亿年之前的某一时刻，它们刚好在同一地方，所以哈勃的发现暗示存在一个叫做大爆炸的时刻，当时宇宙处于一个密度无限的奇点。

听闻此事的爱因斯坦很快来到哈勃工作的威尔逊天文台，在哈勃的带领下亲自进行了红移现象的观测。访问结束后，爱因斯坦公开承认了自己主观意识影响科学结论的错误，并去掉了场方程中的宇宙常数，于是就有了我们今天所熟知的爱因斯坦场方程（Einstein Field Eqution）。

成熟阶段

1948年前后，伽莫夫第一个建立了热大爆炸的观念。这个创生宇宙的大爆炸不是习见于地球上发生在一个确定的点，然后向四周的空气传播开去的那种爆炸，而是一种在各处同时发生，从一开始就充满整个空间的那种爆炸，爆炸中每一个粒子都离开其它每一个粒子飞奔。事实上应该理解为空间的急剧膨胀。“整个空间”可以指的是整个无限的宇宙，或者指的是一个就象球面一样能弯曲地回到原来位置的有限宇宙。

根据大爆炸宇宙论，早期的宇宙是一大片由微观粒子构成的均匀气体，温度极高，密度极大，且以很大的速率膨胀着。这些气体在热平衡下有均匀的温度。这统一的温度是当时宇宙状态的重要标志，因而称宇宙温度。气体的绝热膨胀将使温度降低，使得原子核、原子乃至恒星系统得以相继出现。

爆炸简史

大爆炸开始时：约150亿年前，体积无限小，密度无限大，温度无限高，时空曲率无限大的点，称为奇点。空间和时间诞生于某种超时空——部分宇宙学家称之为量子真空（假真空），其充满着与海森堡不确定性原理相符的量子能量扰动。

大爆炸后10-43秒（普朗克时间）：约1032度，宇宙从量子涨落背景出现，这个阶段称为普朗克时间。在此之前，宇宙的密度可能超过每立方厘米1094克，超过质子密度1078倍，物理学上所有的力都是一种。（超对称）在这个阶段，宇宙已经冷却到引力可以分离出来，开始独立存在，存在传递引力相互作用的引力子。宇宙中的其他力（强、弱相互作用和电磁相互作用）仍为一体。

大爆炸后10-35秒：约1027度，暴涨期（第一推动），引力已分离，夸克、玻色子、轻子形成。此阶段宇宙已经冷却到强相互作用可以分离出来，而弱相互作用及电磁相互作用仍然统一于所谓电弱相互作用。宇宙也发生了暴涨，暴涨仅持续了10-33秒，在此瞬间，宇宙经历了100次加倍（2100），得到的尺度是先前尺度的1030倍（暴涨的是宇宙本身，即空间与时间本身，并不违反光速藩篱）。暴涨前宇宙还在光子的相互联系范围内，可以平滑掉所有粗糙的点，暴涨停止时，今天所探测的东西已经在各自小区域稳定下来，而这被称为暴涨理论。

大爆炸后10-12秒：约1015度，粒子期，质子和中子及其反粒子形成，玻色子、中微子、电子、夸克以及胶子稳定下来。宇宙变得足够冷，电弱相互作用分解为电磁相互作用和弱相互作用。轻子家族（电子、中微子以及相应的反粒子）需要等宇宙继续冷却10-4秒才能从与其他粒子的平衡相中分离出来。其中中微子一旦从物质中退耦，将自由穿越空间，原则上可以探测到这些原初中微子。

大爆炸后0.01秒：约1000亿度，光子、电子、中微子为主，质子中子仅占10亿分之一，热平衡态，体系急剧膨胀，温度和密度不断下降。

大爆炸后0.1秒后：约300亿度，中子质子比从1.0下降到0.61。

大爆炸后1秒后：约100亿度，中微子向外逃逸，正负电子湮没反应出现，核力尚不足束缚中子和质子。

大爆炸后10秒后：约30亿度，核时期，氢、氦类稳定原子核（化学元素）形成。当宇宙冷却到109开尔文以下（约100秒后），粒子转变不可能发生了。核合成计算指出，重子密度仅占拓扑平宇宙所需物质的2%~5%，强烈暗示了其他物质能量的形式（非重子暗物质和暗能量）充满了宇宙[2]。

大爆炸后35分钟后：约3亿度，原初核合成过程停止，尚不能形成中性原子。

大爆炸后1011秒（104年），温度约为105开尔文，物质期。在宇宙早期历史中，光主宰着各能量形式。随着宇宙膨胀，电磁辐射的波长被拉长，相应光子能量也跟着减小。辐射能量密度与尺度（R）和体积（4πR3/3）的乘积成反比例减小，即安1/R4减小，而物质的能量密度只是简单地与体积成1/R3反比例减小。一万年后，物质密度追上辐射密度且超越它，从那时起，宇宙和它的动力学开始为物质所主导。[2]

大爆炸后30万年后：约3000度，化学结合作用使中性原子形成，宇宙主要成分为气态物质，并逐步在自引力作用下凝聚成密度较高的气体云块，直至恒星和恒星系统。

量子真空在暴涨期达到全盛，之后便以暗能量的形式弥漫于全宇宙，且随着物质和辐射密度迅速减小，暗能量越来越明显。暗能量可能占据宇宙总能量密度的2/3，从而推动了宇宙加速膨胀。

观测事实

大爆炸理论的科学性令人不得不信服。最直接的证据来自对遥远星系光线特征的研究。20年代，天文学家埃德温·哈勃（Edwin Hubble）研究了维斯托·斯里弗（Vesto Slipher）所作的观测。他注意到，远星系的颜色比近星系的要稍红些。哈勃仔细测量了这种红化，并作了一张图。他发现，这种红化（红移）是系统性的，星系离我们越远，它就显得越红。

光的颜色与它的波长有关。在白光光谱中蓝光位于短波端，红光位于长波端。遥远星系的红化意味着它们的光波波长已稍微变长了。在仔细测定许多星系光谱中特征谱线的位置后，哈勃证实了这个效应。他认为，光波变长是由于宇宙正在膨胀的结果。哈勃的这个重大发现就奠定了现代宇宙学的基础。

膨胀中宇宙的性质使许多人困惑不解。从地球的角度来看，好像遥远的星系都正飞快地远离我们而去。但是，这并不意味着地球就是宇宙的中心。平均而言，宇宙不同地方的膨胀图像都是相同的。可以说每一点都是中心，又没有一点是中心（解释得最好的是一幅画：三维空间的切割）。我们最好把它想象成星系间的空间在伸长或膨胀，而不是星系在空间中运动。这一点与我们日常生活中见到的源于一点的爆炸不同。

空间可以伸长这一事实看上去似乎离奇古怪，不过这却是1915年爱因斯坦广义相对论发表以来科学家们早就熟知的概念。广义相对论认为，引力实际上是空间（严格地说是时空）弯曲或变形的一种表现。从某种意义上来说空间是有弹性的，可以按某种方式弯曲或伸长，具体情况取决于物质的排列。这个思想已为观测所充分证实。

二、大爆炸理论是错误的

1. 按照辩证唯物主义观点来看：

宇宙是没有产生和灭亡的时候的，正是由于宇宙间物质不能被创造，也不能被消灭，物质只能不断从一种运动形式，转变为另一种运动形式。一种形式的旧天体死亡，必定有另一种新天体产生。

恩格斯说过：一切天体"都处于永恒的产生和消灭中。"宇宙永无止境的在发展，既没有开端，也没有终止。

辩证唯物主义认为，宇宙是无限的，它在空间上没有边际，在时间上没有始终。这同物质不灭的规律联系在一起的。物质不可能被创造，宇宙就不会有起点；物质不能被消灭，宇宙就不会有末日。宇宙物质只能由一种形态转化为另一种形态，它在对立统一的斗争中变化，发展，永远没有完结。

2. 奇点是怎么来的

宇宙，浩淼而深邃。对于人类来说，宇宙是无穷无尽，没有开始，也没有结束。宇宙从何而里啊，走向何处对于人类来说都是一个谜。

其实万事万物都有一个开始和结束，那么宇宙也不例外。对于宇宙如何产生的，人类其实都有各种猜想，目前最受认可的要属于"宇宙大爆炸理论"。

所谓的宇宙大爆炸，认为宇宙诞生于一个"奇点"，是"奇点"经过膨胀而发生爆炸后的产物。也就是说，时间和空间都是诞生在"奇点"之后，在"奇点"之前是没有所谓的时间和空间的，"奇点"是没有之前的这么一说的。

那么问题来了，如果”奇点“没有之前，那么”奇点“又是如何形成的呢？”奇点“又是从哪里来的呢？宇宙大爆炸力理论都没有给出一个答案。

其实我们对于宇宙，就像细胞对于人体。对于一个人，在没有十月怀胎之前，什么都不是，什么都没有，那也就无所谓细胞。自从母亲从十月怀胎开始，我们就开始孕育、诞生。对于我们身上的细胞来说，它的时间与空间便开始形成。在刚开始怀胎那一瞬间，就是一个”奇点“。

所以说奇点之前没有空间和时间，那只是针对我们这个宇宙来说，如果宇宙不只是唯一一个呢?“奇点”之前没有时间还能站得住脚吗?

假设，有奇点存在，那么是不是只有唯一一个奇点呢？难道就没有诞生在我们之前的宇宙产生。我们所认为的奇点，只不过是我们不愿意承认或者从来没有想过”天外有天”罢了。

我相信，我们所在宇宙不是唯一的一个宇宙，肯定有两个、三个、甚至更多，就像我们相信宇宙中不止一个地球一样。

就像一对夫妻，可以诞生多个子女一样。就像一个公司可以创造出多个游戏一样。在游戏空间里的那些人，何尝不是一个宇宙呢？夫妻可以为细胞生出多个宇宙，游戏公司可以制造出多个游戏宇宙。那我们的宇宙怎么就不能有是多个宇宙中的一个呢。

除非只有唯一一个宇宙，那么“宇宙大爆炸理论”才有可能正确，如果不止一个宇宙，那么这个理论从根本上就是错的。

即使有一个“奇点”，那么“奇点”之前肯定也有时间和空间，只是不是针对我们这个宇宙而已。

三、引力波的历史意义

1.引力波证实了黑洞的存在

在物理学中，引力波是指时空弯曲中的涟漪，通过波的形式从辐射源向外传播，这种波以引力辐射的形式传输能量。在1916年，爱因斯坦基于广义相对论预言了引力波的存在。引力波的存在是广义相对论洛伦兹不变性的结果，因为它引入了相互作用的传播速度有限的概念。相比之下，引力波不能够存在于牛顿的经典引力理论当中，因为牛顿的经典理论假设物质的相互作用传播是速度无限的。

各种各样的引力波探测器正在建造或者运行当中，比如 advanced LIGO(aLIGO) 从2015年9月份开始运行观测。

可能的引力波探测源包括致密双星系统（白矮星，中子星和黑洞）。在2016年2月11日，LIGO科学合作组织和Virgo合作团队宣布他们已经利用高级LIGO探测器，已经首次探测到了来自于双黑洞合并的引力波信号。

2016年6月16日凌晨，LIGO合作组宣布：2015年12月26日03：38：53（UTC），位于美国汉福德区和路易斯安那州的利文斯顿的两台引力波探测器同时探测到了一个引力波信号；这是继LIGO 2015年9月14日探测到首个引力波信号之后，人类探测到的第二个引力波信号。

2017年10月16日，全球多国科学家同步举行新闻发布会，宣布人类第一次直接探测到来自双中子星合并的引力波，并且同时“看到”这一壮观宇宙事件发出的电磁信号。

介绍

在爱因斯坦的广义相对论中，引力被认为是时空弯曲的一种效应。这种弯曲是因为质量的存在而导致。通常而言，在一个给定的体积内，包含的质量越大，那么在这个体积边界处所导致的时空曲率越大。当一个有质量的物体在时空当中运动的时候，曲率变化反应了这些物体的位置变化。在某些特定环境之下，加速物体能够对这个曲率产生变化，并且能够以波的形式向外以光速传播。这种传播现象被称之为引力波。

当一个引力波通过一个观测者的时候，因为应变(strain）效应，观测者就会发现时候时空被扭曲。当引力波通过的时候，物体之间的距离就会发生有节奏的增加和减少，这个频率对于这了引力波的频率。这种效应的强度与产生引力波源之间距离成反比。绕转的双中子星系统被预测，在当它们合并的时候，是一个非常强的引力波源，由于它们彼此靠近绕转时所产生的巨大加速度。由于通常距离这些源非常远，所以在地球上观测时的效应非常小，形变效应小于1.0E-21。科学家们已经利用更为灵敏的探测器证实了引力波的存在。目前最为灵敏的探测是aLIGO，它的探测精度可以达到1.0E-22。更多的空间天文台(欧洲航天局的eLISA计划，中国的中国科学院太极计划，和中山大学的天琴计划）目前正在筹划当中。

引力波应该能够穿透那些电磁波不能穿透的地方。所以猜测引力波能够提供给地球上的观测者有关遥远宇宙中有关黑洞和其它奇异天体的信息。而这些天体不能够为传统的方式，比如光学望远镜和射电望远镜，所观测到，所以引力波天文学将给我们有关宇宙运转的新认识。尤其，引力波更为有趣的是，它能够提供一种观测极早期宇宙的方式，而这在传统的天文学中是不可能做到的，因为在宇宙再合并之前，宇宙对于电磁辐射是不透明的。所以，对于引力波的精确测量能够让科学家们更为全面的验证广义相对论。

2.填补了广义相对论实验验证的最后一块缺失的拼图

爱因斯坦1916年发表的广义相对论预言了宇宙诞生之初产生的一种时空波动——原初引力波——的存在。过去近百年中，广义相对论的其他预言如光线的弯曲、水星的近日点进动以及引力红移效应都已获证实，唯有原初引力波因信号极其微弱，技术上很难测量，而一直徘徊在天文学家“视线”之外。剑桥大学博士、加拿大不列颠哥伦比亚大学的“CITA国家研究员”马寅哲认为，原初引力波的发现是支持广义相对论的又一有力证据，相对论所预言的所有实验现象全部被验证，实验与理论符合得都很好。

3.这一发现打开了观测宇宙的一扇新窗户。

在天文学几百年来的发展过程中，人们观测宇宙的主要手段是观测光，也就是说几乎所有天文实验都是在收集光子。而根据标准宇宙大爆炸理论，大爆炸之后约40万年，光子、电子及其他粒子混在一起，宇宙处于晦暗的迷雾状态，光无法穿透。而引力波则不同，它诞生在宇宙大爆炸之初并以光速传播。从事引力波研究多年的美国亚利桑那州立大学理论物理学家劳伦斯 · 克劳斯认为，引力波被测量到，意味着人们可以通过引力波而一直追溯到大爆炸之后仅仅10的负35方秒的极早时期，同时引力波也可以作为另一种观测宇宙的手段。引力波天文学这门新学科的大门也由此打开。

4.这一发现有助于真正理解宇宙大爆炸原初时刻的物理过程。

根据上世纪80年代逐渐发展起来的暴涨理论，140亿年前，在大爆炸之后不到10的负35方秒的时间里，宇宙以指数速度急剧膨胀，即所谓“暴涨过程”。原初引力波忠实记录了暴涨时期的物理过程。马寅哲告诉记者，现在关于大爆炸原初时刻的理论模型有数百个，但“到底哪个对，还是都不对，在今天之前是不清楚的。但如果（美国科学家的）结果是真的，那么很多理论模型会被排除”。

5.这一发现意味着对宇宙微波背景辐射的测量将会进入下一个重要里程碑。

宇宙微波背景辐射是宇宙大爆炸的“余烬”，是一种弥漫在整个宇宙空间中的微弱电磁波信号。过去几十年中，人们测量微波背景辐射，其实主要测量的是温度场的信息，却一直没有测量到引力波的独特印记——B模式偏振。目前，全球多个小组在探测引力波，新发现无疑将极大鼓舞他们的士气，并促进有关国家进一步加大科研经费和人力资源投入。

马寅哲表示：“此项工作若获证实，当之无愧是诺贝尔奖级的工作。而且在此之后，关于引力波的诺贝尔奖可能还会再出现。宇宙‘暴涨’理论的提出者也可能获奖。”克劳斯也对新华社记者说，新研究还需要进一步验证，但如果获得证实，它“可以跻身过去25年最重要的宇宙学发现之列”并可能获得诺贝尔奖。

四、引力波和电磁波同时验证中子星并合

美国时间2017年10月16日10时，美国国家自然科学基金会召开媒体见面会，邀请美国激光干涉引力波天文台（LIGO）、欧洲处女座（Virgo）引力波探测器以及世界各地70多家天文台的科学家代表，共同宣布人类首次探测到来自双中子星并合的新型引力波，并“看到”这次并合事件发出的电磁信号。

探测到中子星并合的引力波信号及光学对应物，早在8月份

就已经传言四起。这次发布会确认，美国东部时间8月17日8时41分，LIGO捕捉到这一引力波信号GW170817，由距离地球1.3亿光年的长蛇座NGC4993星系内两个中子星并合产生。随后，美国国家航空航天局（NASA）的费米伽马射线望远镜在发现引力波信号的NGC4993星系内，探测到一个持续时间大约2秒的短伽马暴（编号为GRB170817A）。随后包括欧洲南方天文台（ESO）甚大望远镜、哈勃太空望远镜、钱德拉X射线天文台以及阿塔卡玛大型毫米/亚毫米波阵列等全球数十家天文台两天内对准NGC4993星系，共同观测到了这次双中子星并合事件。

LIGO团组的科学家们最近刚因在引力波研究方面的成就获得了2017年诺贝尔物理学奖。2015年9月14日，LIGO研究团队首次探测到引力波，并在2016年2月份对外发布了相关结果。自那以后，研究人员又陆续确认了三次引力波事件，最近的一次信号首次由LIGO以及Virgo共同探测。这四次引力波信号都是源自宇宙深处两个黑洞并合产生，不会发射电磁波，而天文学家们一直在期待另一种形式的引力波事件——双中子星并合，因为这种并合产生的引力波会伴随电磁波等发光信号，从而可以被传统望远镜直接探测到。所以每次LIGO发现引力波信号，许多天文学家会利用望远镜跟进观测，希望成为发现电磁波小亮点的“第一个吃螃蟹者”。

根据现有理论，黑洞或中子星与中子星并合后，至少会产生引力波、千新星、千新星射电辐射、短伽马暴和短伽马暴余辉这五类信号，其中千新星是并合后产生的金银等放射性物质形成，其在衰变中会释放大量高能射电辐射，而短伽马暴以及包括X射线、射电等多波段辐射在内的短伽马暴余辉，则是由另一部分物质在黑洞周围形成的“黑洞—吸积盘”系统，与星际物质相互作用形成。

五、宇宙和星系是有生命的

科学家称银河系这个庞大的星系在数亿年前就已经开始衰亡了，银河系不是永恒的，任何事物都有衰亡的一天。

但是宇宙是永恒的，无始无终，组成宇宙万物的那些基本元素就会不停地演化着万物：诞生，衍化，和灭亡。

为什么会有这个结论?

引力波已经证实了即使宇宙在不断变化中，整个宇宙的物质还是没有改变。

如果以上1.3亿光年的中子星并合能够用引力波和电磁波同时探测到，那么宇宙在这1.3亿光年碰撞后那刻起到现今的物质总量没有改变，否则就不会探测到这次引力波，就像流动的河流和平静的湖泊是完全不同的，但是早期碰撞产生的引力波叠加到后来碰撞产生的引力波会给探测结果带来很大影响，那就是无法准确算出合并的质量大小以及释放的能量！计算结果会和现在用电磁波探测到的结果不一样，不过科学家可以通过比较两种探测结果发现其中误差。

两个黑洞之间的碰撞合并对于现今科技就无法计算出碰撞前后两个黑洞的质量以及释放出来的能量大小，算出的结果都是错误的。

六、宇宙和反宇宙

从现今的科学可以发现，微小的粒子都有反粒子。

反粒子

我们知道，把自然界纷呈多样的宏观物体还原到微观本源，它们都是由质子、中子和电子所组成的。这些粒子因而被称为基本粒子，意指它们是构造世上万物的基本砖块，事实上基本粒子世界并没有这么简单。在30年代初，就有人发现了带正电的电子，这是人们认识反物质的第一步。到了50年代，随着反质子和反中子的发现，人们开始明确地意识到，任何基本粒子都在自然界中有相应的反粒子存在。

电子和反电子的质量相同，但有相反的电荷。质子与反质子也是这样。那么中子与反中子的性质有什么差别？其实粒子实验已证实，粒子与反粒子不仅电荷相反，其他一切可以相反的性质也都相反。

那么放大到宏观上无限大的宇宙，应该也存在一个反宇宙，正如中华民族的太极图那样出现一阳一阴，相互演变，无始无终，永远守恒。

中国太极图

现代天文学证实：中国太极图是来源于银河系星云图，中国太极图与佛教卍、基督教“十”字符应该是同根同源，都来自“银河系”。可以假设人类文明是来自外太空文明，否则就很难解释《易经》、《山海经》、玛雅历法、金字塔这类文明成就了。

即使没有反宇宙，我们现在也可以确定宇宙是与生具有的，没有起始，也没有结束，无始无终，永远守恒。

如果存在反宇宙（前提是必须验证十一维膜理论的正确性），宇宙和反宇宙之间也是无始无终，永远守恒的，它们不会产生 其它宇宙，而是通过黑洞、白洞、虫洞等进行能量和物质的等量交换，无始无终，永远守恒。

七、宇宙大爆炸的误解

由于物质和意识在宇宙中是并存的，意识指的是我们说的最小的粒子超弦，如果没有超弦，人类和动物都不会有思维，意识可以演变成物质，同理，物质也可以演变成意识，它们是共同存在的。

这就证明了辩证唯物主义在这个理论上是错误的。

辩证唯物主义认为物质是不依赖于人的意识、并能为人的意识所反映的客观实在。无论是自然界的存在与发展，还是人类社会的存在和发展，它们都不依赖于人的意识。这种不依赖于人的意识的客观实在性就是物质性。整个世界是不依赖于人的意识而客观存在的物质世界，世界的本原是物质。物质对意识具有决定作用。物质决定意识，意识是对物质的反映，意识不是自生的和先验的，认识世界的形式是主观的，认识世界的内容是客观的。

宇宙大爆炸其实是旧的宇宙智慧（宙王）的生命终结，分解为超弦生命体（有思维的和无思维的）。新的宇宙智慧（宙王）由最强大的星系智慧中进化产生，掌控并演化延续新的宇宙，周而复始，无限循环。

同时值得科学界去思考的是我们现在观察到的星空只是一个假象，并非此刻的实际状况。十一维膜理论（M理论）是否能够验证是确定反宇宙存在的前提条件。由于人类现在仍然无法获知准确的宇宙形状以及维度，所以宇宙时空具体的演变方式有待将来的探索和发现。

八、宇宙生命体的种类

宇宙中有六种生命体：

1. 超弦（有思维和无思维）

2. 原子

3. 分子

4. 有机生物（人类）

5. 星系智慧（天帝）

6. 宇宙智慧（宙王）

每一种生命体出现的形态都不同，人类一直以来误认为星系智慧会像人类一样的碳水化合物组成！其实是错误的！

宇宙生命体由低形态向高形态进化，又从最高形态分解到最低形态，循环往复，无始无终。

九、人类的命运何去何从

从宇宙间的生命体进化过程可以看出，人类如果要进化到星系智慧，必须靠所有人类的灵魂组合，形成一个无比能量的统一体，具体需要多少人类灵魂构造成一个新的星系智慧，根据需要来定。然后加入到银河系的高级文明大家庭，接受天帝的领导。

全世界三大宗教，中国都预言了这个世纪初期天帝（救世主）会下凡拯救人类，使人类避免战争，万教归一，和平相处，相信这一天很快就会到来。

第十二章　万教归一

佛教倡导修行积善，但欠缺勤劳节俭。释迦牟尼创立佛教的本意，是想建立人人乐善好施的极乐世界。遗憾的是，现在大多数佛教寺庙里，佛徒们都是用施主和香客们供佛的钱吃穿及修寺建庙，整天除了诵经念佛、祈求施舍和美化寺庙外，便无所事事。说白了就是：让佛去保佑施主的平安和香客的幸福，自己落个不愁吃穿住行的清闲。美其名曰：脱凡离尘，静观众妙。

基督教倡导博爱世人，但欠缺修行积善。耶稣创立基督教的本意，是为了用博爱来拯救世人所犯的一切罪恶。遗憾的是，长期以来许多基督教徒是以恃强凌弱和巧取豪夺为荣，近代世界许多地方的殖民统治，中国与许多侵略者签订的割地赔款条约，以及制造亚洲金融风暴等就是很好的例子。说白了就是：什么罪恶勾当都可以做，基督会原谅教徒所犯的一切罪恶。美其名曰：凡求告主名的，就必得救。

伊斯兰教倡导勤劳节俭，但欠缺博爱世人。穆罕默德创立伊斯兰教的本意，是想建立一个大家通过辛勤劳动都可以得到幸福生活的社会。遗憾的是，当伊斯兰教信徒与非信徒之间发生利益冲突时，信徒会采用战争手段解决冲突；当伊斯兰教不同派别之间发生利益冲突时，也会采用战争手段解决冲突。说白了就是：人们之间不可能没有利益冲突，因此在伊斯兰教徒集聚区一直会有战争。美其名曰：十年一小战，三十年一大战，没有战争就不能提振伊斯兰教徒的战斗精神。

修行积善、博爱世人和勤劳节俭是人类发展进步必不可少的三种优良品质，任何一种品质的欠缺都会造成人格的不完整。非常幸运是，中华民族是兼具这三种优良品质的民族，也是最有可能将当今世界三大宗教的优点统一和融合的民族，这就是世界各大预言家所说的拯救人类的希望在中国的根本原因。

“爱华”ARROWWA源自英文“ARROW”（爱心之箭）+ WA（华）。”爱华”ARROWWA思想和“爱华”ARROWWA文化是人类历史的终极思想和文化。

“爱华”ARROWWA的“天剑”（“天箭”，弓箭合一、人剑合一、天剑合一、天人合一），就是圣人（救世主）的“弓乙灵符”，象征着无边无际充满爱的永恒宇宙；也象征了携带人类所有灵

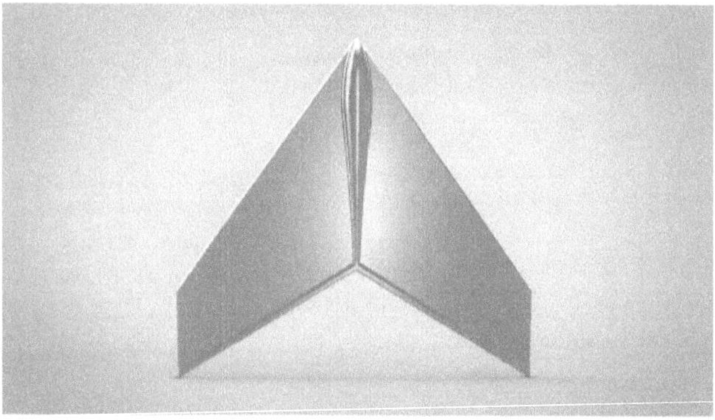

“弓乙灵符”是进入星系智慧高级文明的门票

魂飞向宇宙的载体；同时象征了在家修炼的“心”字，两手的拇指和食指组成一个爱“心”，其它三个手指弯曲，代表对天帝和宙王的崇敬和爱戴，也代表对其他所有人类的关爱。

“弓乙灵符”是抽象的宇宙飞船，也可以看作是“双羽四足”、“飞龙在天”；同时“中”字的古代书法形同一把利剑，抽象的“天剑”亦可看作是“中印神符”。

“弓乙灵符”是进入星系智慧高级文明的门票，“信者成神仙，不信者拒进化。”

当然“弓乙灵符”也是敬畏符，如果人的一生不去恶扬善、犯了作恶多端、瞒天过海等罪行，那将万箭穿心。

基督教的十字架是“信我者上天堂，不信者入地狱！”，博爱但排挤异教。这是错误的！

佛只度有缘人，慈悲但缺乏公正公平，也是错误的！

伊斯兰教是“行善者入天堂，作恶者入火狱”，虔诚盲信而缺少互助互爱，同样是错误的！

“爱华”ARROWWA思想和文化不诅咒人类，天帝造人，众生平等自由，宇宙间充满了爱。

信仰天帝和宙王意味着：

(1) 天帝存在是真实的，人的存在只是由于天帝想要他们存在而存在，人人平等。

(2) 由于人类的创造不可能有两个根源，所以只有天帝是唯一的创造主。一切来自于天帝，一切将要回归于天帝。因此，人在宇宙中的存在都是天帝的大能和光辉的显现，也就是说天帝的德性的显然。

(3) 人与天帝之间的关系是仆人与主宰之间的关系，由于人的真正存在是依赖于天帝的，所以，崇拜除天帝、宙王之外的任何东西就是犯欺天大罪。

(4) 人只有响应天帝的教诲，才有可能体认到上述"爱华"ARROWWA思想和"爱华"ARROWWA文化的基本特点。

(5) 做为以前的所有圣人都为他的光临曾做出过预言的封印万圣的至圣，贵圣紫微圣人已经下凡人间。

(6) 因此，他是全人类完美的最高典范，是天帝的仆民中的完人之冠，从而他也就是最完美的，最理想的至中至正的天帝的德性的显现。

(7) 信仰了他也就是信仰了天帝。

(8) 信仰他也就是信仰"爱华"ARROWWA思想以及"爱华"ARROWWA文化，包罗了天帝通过他启示给人类的一切天启知识，这些天启教授给我们的方式遵行天启，认拜天帝，这就是说，我们必须跟随至圣的佳言懿行。

心形手势图

由于人的一生信息全部记忆在灵魂里，因此只要多行善事、多积德，对得起天地良心，就无需天天向天帝和宙王祷告，一切源于爱心。

敬拜天帝的形式是自由的，站立和跪拜都可以；可以双手手指组成"心"型；也可以双手向上组成"心"型。

敬拜语可以自由发挥，用心灵和诚实敬拜天帝，最后用"天佑中华"、"天佑……"等，"感恩天帝"结尾。

敬拜的时候可以直接向天帝倾诉，赞美他的伟大和权柄，感谢他的诸多赐福，并向他认罪悔改，感谢他的保守和引领。

每个人都有来到这个世界的理由，天生我才必有用，既然有平等的权利，必有他未来的作为。能否将来成神仙，并且成为星系智慧生命重要的一部份，完全靠修为。古语说：各安天命。

第十三章　人类的末日

纵观人类历史，世界末日的言论时刻伴随着我们。每个时代都有一些人抱着某种目的鼓吹“世界末日”的言论。

在公元前100年，当时的信奉基督耶稣的首批追随者认为，世界末日会在12门徒死后，耶稣出现惩治邪恶，由于人性本恶，必然会牵连更多的人，导致世界末日。公元1000年，当时的基督教徒就相信基督诞生后上帝会再给人类1000年的生存时间。于是公元999年的欧洲陷入一片恐慌。

还有1200年左右当时的罗马教皇英诺森三世就多次当众宣称1284年耶稣将将伴随着世界末日第二次到来，只是因为1284年伊斯兰教诞生“666”年，和东方文化不同，当时的西方人普遍认为“666”是个极不吉祥的数字。其后的1666年也不幸中枪，被认为是世界末日会光顾的年份。

时间进入20世纪“世界末日”的言论没有因为人类的进步而消

亡，20世纪初期，一个叫做“红色死亡的兄弟姐妹”教派对外宣称1900年11月13日将会世界末日，并组织110名该教信徒集体自焚。牺牲自己为全人类赎罪（流汗）。2000年，”千年末日”观点又再次出现。还没等人们喘口气2012年又被某些“居心叵测”的人选中，鼓吹根据玛雅历2012年12月21日黑夜降临以后将从此不会再有黎明。人们会因为无尽的黑暗而自相残杀。

时至今日，我们平安度过了2012（前面已经讲过：国父真神毛泽东于2011年重返地球，挽救了人类！），但是我们不要觉得庆幸，其后又有无数个“世界末日”理论在等着我们、2019年、2022年、2026年、2033年这些时间节点又被渲染上了世界末日的故事。

人类经历了如此多的“被世界末日”。不禁要问那世界末日真的存在么?

就目前科学水平我们知道，一个人相对于地球而言是如此渺小，而地球相对于整个宇宙的浩瀚显得微不足道。各种路过的小星体对地球的“亲吻”都有可能毁灭人类甚至地球本身，但相比于这些小家伙的骚扰，预计发生在三十亿年后的仙女座星系和银河系相撞以及逐渐老去的太阳对地球的威胁来说都微不足道。所以不管是否愿意，我们赖以生存的地球终有一天会寿终正寝，但这终结来到的日期是以亿年为单位计算，所以我们人类还有时间。

霍金预言：人类将于2032年灭亡这次逃不掉了！霍金预言在国际上都是非常有影响力的，就在近日，霍金又发表重要的言论称，地球在2032年的时候将会受到小行星的撞击，这次撞击很可能会引起世界末日，人类或将在2032年毁灭，这是真的吗?

按照时空等跨距理论，真神国父将于2046年再临地球，将来他必给人类带来惊喜，人类是否继续留在地球还是移民外星，天帝会下达指令以及行动。因此全人类不用担心末日理论，一切都由天帝决定，中国古语：听天由命。

由于一个人所有的一生信息全部储存于灵魂之中，它会直接影响你的天际未来命运以及下一代子孙的福分。因此

不要试图做以下坏事：弥天大罪

例如

瞒天过海、欺世盗名、偷鸡摸狗、无法无天、无恶不作、欺男霸女、恃强凌弱、欺行霸市、欺压百姓、偷鸡摸狗、损人利己、作奸犯科、打家劫舍、巧取豪夺，等等。

多做以下好事：天知地知

例如

毫不利己、专门利人、助人为乐、大公无私、慷慨解囊、见义勇为、仗义疏财、任劳任怨、废寝忘食、克已奉公、廉洁奉公、舍己救人，等等。

有一点要牢牢记住：天遂人愿

必须有“弓乙灵符”在身，一样物品有标识即可。你就会约束自己的言行，一切朝至真、至善、至美方面努力。

第十四章　中国古代预言和世界的各大预言

1）中国古代《推背图》、《武侯百年乱1933》、《刘伯温烧饼歌》、《金陵塔碑文》、《步虚大师预言》、《宋邵康节先生梅花诗十章》、《乾坤万年歌》等都预言着中国圣人的出现。

2）伊斯兰教《古兰经》关于尔萨圣人降世的预言、《佛经》中《法灭尽经》关于佛教弥勒佛祖再次降世的预言，以及《圣经》、《诸世纪》等的预言中都预示着，在世界的东方中国将有圣人出世、“火星男孩”波力斯卡也指出伟大的指导灵在中国的西南。

3）圣人在民间，唯一象征是拥有天帝授意的“弓乙灵符”或“中印神符”，出生在中国的西南广东和广西交界、出生地名含水、手心有“田”字纹、姓氏戴“四”和姓吞天下（常用姓只可能是“罗”）、现在在海外，等……他将以其独特的理论体系统一世界各宗教，统一人类思想。

第十五章　结语和世界适用性

由于天帝的“弓乙灵符”启示和真神国父的托梦嘱托还没有完全领悟，因此在未来的时空会不断地完善“爱华”ARROWWA思想和文化。

“爱华”ARROWWA思想和文化是否能够发展成为全世界的终极思想和文化，要靠全中华民族人民以及全世界人民的共同努力。

如果要以一个教来命名爱华思想和文化的话，那它就是当之无愧的“华教”，它是中华民族的信仰和民族精神，是中华民族伟大复兴的源动力。

世界适用性：

对于其它国家和民族，ARROWWA theory同样适用，不需要把ARROWWA拆成两个单词，ARROWWA theory也就是The ultimate belief of mankind。

ARROWWA theory主张热爱自己的民族和国家，为能够成为自己民族和国家的一员而感到自豪。

ARROWWA文化同样是提倡"未来动力"的文化，The power of future文化。

ARROWWA思想和文化追求宇宙和谐、自然界和谐、人与自然界和谐，追求创建和谐宇宙、和谐大自然、和谐国际、和谐社会。

附录一

云南省青少年发展基金会

（文章来源于云南省希望工程网站新闻）

2016年1月10日

云南非常之旅

——记来自美国的罗伟京先生

“这次云南之行真的很值，感受很深。回去以后，我会把自己这次的经历讲给朋友们聽，把在云南山区拍的照片给他们看，让我的朋友们也来关注云南希望工程，支持云南的基础教育，帮助云南的贫困孩子。”说这话的是罗伟京先生，他是一名来自美国旧金山的华人。在很偶然的情况下罗先生看到了云南希望工程网站，当他看到网上有很多学生需要帮助時，就决定结对资助三名同学，在今年九月份开始结对资助后不久，他收到了南华县杨雪敏同学的来信，“当看到孩子写给我的信后，突然间我被触动了，想回国一趟，看看她和其他两名我资助的孩子，看看她们学习和生活的地方……”。当即他便与云南青基会取得联系。在给云南青基会的信中，他写道：“这次去云南的目的是想了解当地的贫困学生情况，探望我捐助的三个小学生，希望能给她们以精神上和物质上的帮助， 同时也希望能为国内的慈善事业希望工程出一点微薄之力。食宿请不要联系太贵的，尽量能省些钱送给最需要帮助的孩子。”云南青基会的工作人员被罗先生的精神感动了，立刻与各相关的县团委联系，将罗先生赴滇的行程安排好。

从11月19日到24日，罗先生用六天的时间，看望了澄村县九村镇中心小学的张妮、祥云县鹿鸣乡弥长完小的罗盛梅、南华县一街乡团房完小的杨雪敏这三名受到他资助的孩子。

到达南华的前一天晚上，天下起了雨，去田房乡有90公里山路，山路泥泞陡滑，坐车单程需要3个半小时，南华县团委的同志从安全考虑，几次劝罗先生不要去了，可罗先生说："几万公里都走过了，如果就差这几十公里没有走完，会是我这次最大的遗憾，何况这是我最想见的一个孩子。"为了表示决心，他专门买了一双雨鞋，并表示即使坐摩托车也要去。团县委的同志被罗先生的行为感动了，他们专门协调了一辆越野车，并派专人陪同罗先生去田房乡看望杨雪敏同学。"当孩子见到我时，一下子热泪盈眶，那一瞬，我的心也被深深触动了，觉得这次云南之行值了……。"罗先生说，"山村的孩子读书真的很苦，他们的教室白天上课，晚上将桌子拼起来铺一层薄薄弱稻草就是他们的床了，吃得非常简单，一日三餐都是土豆。我受到的触动太大了，他们实在太需要社会给予他们更多的帮助了，一百、二百块钱平时很多人随手就花了，但是对于那些贫困山区的孩子来说，没准就是一个改变命运的机会。我也是从大山里走出来的孩子，小时候读书也很苦，现在有能力了，希望可以尽一点力，帮助孩子们读书。这次我来，虽然花得钱不少，走的路很多，但真的很值，因为我想帮助她们不仅仅只是物质上的给予，让她们感受到关心和爱，对她们的帮助会更大。我想让他们知道，他们并不孤独，社会上有许许多多人都在关注他们，都想给予他们帮助。"

罗先生此次还带来亲戚朋友的捐款，又结对资助了10名孩子。在看望三个孩子的时候，他又给了每个孩子一些生活费。

近几年来，许多海外华人通过云南希望工程网站，了解到云南的基础教育情况,对云南希望工程所做的项目也加深了认识，与云南希望工程的交流沟通逐步加强。目前已有越来越多的海外华人参与到云南希望工程的资助行列中来。

来源：省青基会

附录二

一封感谢信触动美籍华人

2005/11/26 来源：实习记者

万里赴云南看望山里娃娃

当看到被我资助的小女孩杨雪敏写来的感谢信后，我被触动了，想回国一趟，看看她以及其他两名我资助的云南孩子……”昨日，在美国旧金山工作的美籍华人罗伟京先生结束了他的云南“非常”之旅，临行前向记者讲述了他和3名云南山区孩子的故事。

今年7月，罗先生和云南的3个孩子结对，资助她们完成小学的学业。这3个孩子分别是澄江九村镇中心小学的张妮、祥云鹿鸣乡弥长完小的罗盛梅和南华一街乡团房完小的杨雪敏。

11月19日至24日期间，罗先生看望了3个孩子。“在去看望杨雪敏的途中，下起了雨，90公里的山路，太难走了，一同前往的南华团委工作人员几次劝我不要去了。可我几万公里都走过了，如果就差这几十公里没有走完，会是我最大的遗憾，所以我当场表示即使坐摩托车也要去，后来找到了一辆越野车。见到我的时候，杨雪敏热泪盈眶，我的心也被深深触动，觉得此次云南之行值了……”罗先生告诉记者，“我去的这3所学校的孩子们，白天在教室上课，晚上将桌子拼起来拿稻草铺上睡觉，一日三餐都是土豆，我受到触动太大了。”

安排罗先生本次行程的省青基会工作人员说，罗先生来时还带有亲戚朋友的捐款，通过希望工程结对资助了10名孩子。

www.ingramcontent.com/pod-product-compliance
Lightning Source LLC
Chambersburg PA
CBHW020423010526
44118CB00010B/393
* 9 7 8 0 9 9 7 1 5 6 9 2 8 *